RECUEIL

DE PLANCHES,

SUR

LES SCIENCES,

LES ARTS LIBÉRAUX,

ET

LES ARTS MÉCHANIQUES,

AVEC LEUR EXPLICATION.

EBENISTE
MENUISIER

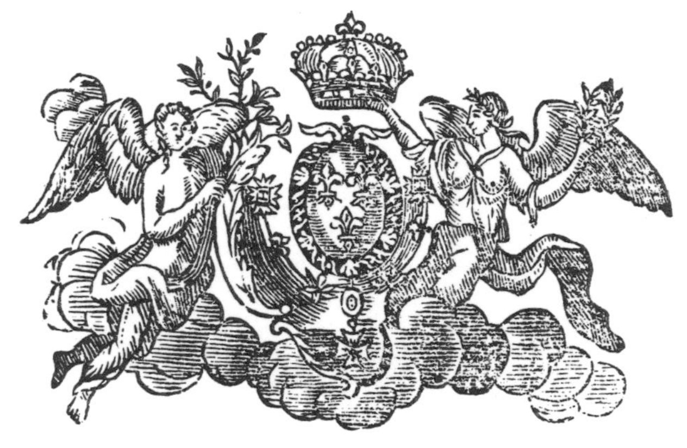

A PARIS,

AVEC APPROBATION ET PRIVILEGE DU ROY.

RECUEIL DE PLANCHES

SUR

LES SCIENCES,

LES ARTS LIBÉRAUX,

ET LES ARTS MECHANIQUES,

AVEC LEUR EXPLICATION.

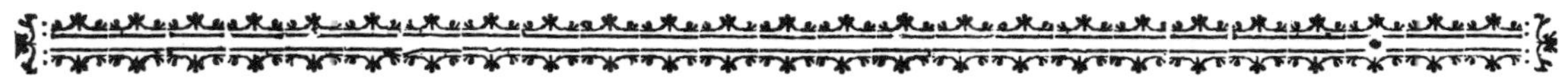

EBENISTERIE-MARQUETERIE.

CONTENANT ONZE PLANCHES.

PLANCHE Iere.

LA vignette de la premiere Planche repréfente un attelier de marqueterie compofé d'établis *aa*, commodes *b*, fecrétaires *c*, armoire en bibliotheque *d*, étaux ou âne *e*, preffe *f*, auprès de laquelle font deux hommes occupés à refendre, tandis qu'un autre *g*, corroye du bois.

Fig. 1. Une commode de marqueterie dont A A font les tiroirs, & la *fig.* 2. en eft le plan.

3. Une autre commode de marqueterie d'un autre genre : A A en font les tiroirs, & la *fig.* 4. en eft le plan.

PLANCHE II.

5. Autre commode de marqueterie; A A en font les tiroirs, & la *fig.* 6. en eft le plan.

7. Elévation d'une armoire en noyer; A A en font les portes, BB les pilaftres, & C C leurs cadres.

8. Un bas-d'armoire dont A A font les portes, ornées de marqueterie, & B B des pilaftres, & la *fig.* 9. en eft le plan.

10. Elévation d'un chaffis d'écran dont la *fig.* 11. eft le plan, A A en font les traverfes, BB les montans, & C C les piés.

PLANCHE III.

12. Elévation d'une table de nuit dont la *fig.* 13. eft le plan. A eft une tablette inférieure, B une autre tablette fupérieure, & C C les piés.

14. Une petite table appellée *chiffonniere* dont la *fig.* 15. eft le plan, A A en font les piés, B B B les tiroirs, & C le deffus.

16. Une bibliotheque dont A A font les portes treillagées, B la bafe & C la corniche.

17. Autre bibliotheque avec lambris d'appuis, dont AAA font les portes treillagées, B la bafe & C la corniche.

PLANCHE IV.

18. Un fecrétaire dont la *fig.* 19. eft le plan; A A font des tiroirs extérieurs, B B B des tiroirs intérieurs, C C C des tablettes, D un coffre-fort, E une table, & F F les piés.

N. 1. *Ebénifterie,*

20. Un fecrétaire en armoire, ornée de fruits & de fleurs en marqueterie; A en eft la tablette, & BB les portes d'une armoire inférieure.

21. Un bureau fimple, dont la *fig.* 22. eft le plan; AAA en font les tiroirs, B B le deffus & C C les piés.

23. Autre bureau de marqueterie plus riche que le précédent, dont la *fig.* 24. eft le plan. A A &c. font des pilaftres, B B des tiroirs, C C des armoires, D une grande armoire contenant un coffre-fort, & E le deffus.

25. Plan d'une écritoire en forme de boîte dont la *fig.* 26. eft l'élévation intérieure.

27. Plan d'une autre écritoire en forme de pupitre dont la *fig.* 28. eft l'élévation intérieure.

PLANCHE V.

29. Elévation d'un ferre-papier.

30. Elévation d'un coin de marqueterie, dont la *fig.* 31. eft le plan.

32. Elévation d'une petite bibliotheque : la *fig.* 33. en eft le plan.

34. Elévation d'une table à jouer dont la *fig.* 35. eft le plan. A eft le chaffis, B un petit tiroir, C le deffus & D D les piés.

36. Elévation d'une table de toilette dont la *fig.* 37. eft le plan. A A font des tiroirs, BB des coffres, C une tablette, D le deffus, & E E les piés.

38. Elévation d'un coffre-fort dont AA font les bandes de cuivre.

39. Elévation intérieure, & *fig.* 40. plan d'une cave à tabac.

41. Plan intérieur d'un néceffaire.

42. Plan intérieur d'un trictrac; A A en font les charnieres.

43. Plan d'un damier.

44. Elévation d'un guéridon. A en eft la tablette, B la charniere, C la tige, D les piés, E un arc-de-cercle, F piece de bois portant une vis, & G la tige d'un écran.

45. Elévation d'un pupitre de mufique. A A font des chaffis obliques, B une piece de bois qui les tient, C un chaffis croifé horifontal, D une tige, E un pié croifé, F boucle de crémaillere.

PLANCHE VI.

46. Élévation d'un piédeſtal de marqueterie dont le plan eſt quarré, avec avant-corps au milieu.
47. Élévation d'un piédeſtal en forme de piédouche, auſſi quarré par ſon plan.
48. Élévation d'un autre piédeſtal de marqueterie, en forme de baluſtre circulaire par ſon plan.
49. & 50. Piédouches ſaillans, ornés de marqueterie.
51. & 52. Conſoles de marqueterie, dont la derniere termine l'extrémité ſupérieure d'un pilaſtre.
53. & 54. Eſcablons ou gaînes ornées de marqueterie.
55. & 56. Boîtes de pendules, avec leurs piés de marqueterie en cuivre ou en étain.
57. Boîte de pendule à ſecondes, ornée de marqueterie & de filets en cuivre ou en étain.

PLANCHE VII.

58. & 59. Plans de parquets de marqueterie.
60. Un lambris de marqueterie. A A ſont les pilaſtres de hauteur, B B les entrepilaſtres de hauteur, C C les pilaſtres d'appui, D D les entrepilaſtres d'appui, E E la corniche, F F le gorgerin, G G l'aſtragale, I I la cimaiſe, K K la plinthe, & L L les chapiteaux des pilaſtres.

PLANCHE VIII.

61. 62. & 63. Compartimens de marqueterie en étain ou en cuivre. A A, &c. ſont les parties de cuivre ou d'étain qui tiennent lieu de fond; & B B, &c. les parties de bois, écaille ou ivoire, qui à leur tour tiennent lieu de fond.

PLANCHE IX.

Des Outils.

Fig. 64. Outil à ondes. A A en eſt la boîte, B B les treteaux, C leur traverſe, D la roue dentée, E la manivelle, F la crémaillere, G la travée, H la piece de bois que l'on travaille, I l'outil de fer aceré, K la preſſe, L L les vis, M le plateau ou ſommier inférieur, N la vis, O le plateau ou ſommier ſupérieur, P P les jumelles ou montans.
65. Etau ou âne dont A eſt la jumelle dormante, B la jumelle mouvante, C bout de l'arc-boutant, D arc-boutant, E corde ou chaîne, F pédale, G table, H H ſommiers du chaſſis, I I montans, K K traverſes, & L L planches.
66. Ane ou étau différent; A eſt la jumelle dormante, B la jumelle mouvante, C l'arc-boutant, D la crémaillere, E une chaîne ou corde, F la pédale, G G, &c. piés de la table, H table.
67. Autre âne compoſé preſque des mêmes pieces que le précédent.
68. Une preſſe arrêtée à un établi. A eſt l'établi, B B, &c. les piés, C C leurs traverſes, D D les vis de la preſſe, E E leurs écroux, F la piece de bois qui preſſe.
69. Autre preſſe arrêtée au plancher. A eſt le plancher, B B les montans, C C leurs arc-boutans, D D le ſommier, E la piece de bois qui preſſe, F F les vis, G G les manivelles, en forme de levier, & H une piece de bois prête à être refendue.
70. Etabli portant en A un valet, B B le deſſus de l'établi, C C, &c. les piés, D D, &c. les traverſes, E une petite planche retenant les outils, F les outils, G un trou quarré, percé dans l'établi, H un tampon, un crochet, & K un arrête-bois cloué ſur l'établi.

PLANCHE X.

Fig. 71. Scie à refendre. A A, B B, D E ſont la monture de la ſcie, dont A A ſont les montans, B B les traverſes, C le fer de la ſcie, D une couliſſe, E une autre couliſſe garnie de ſa clavette F.
72. Une ſcie à débiter; A en eſt le fer, & B C D E F G la monture.
73. Une ſcie tournante; B B en ſont les tourets.
74. Une ſcie à tenon.
75. Une ſcie de marqueterie. A en eſt le fer, B une petite mouſle à vis, à écrou, C le manche, D D un chaſſis ou monture de fer, & E une autre mouſle à vis, avec écrou à oreille.
76. Une ſcie à main, ou égoine.
77. Un maillet de bois.
78. & 79. Marteaux à plaquer, dont A B, A B ſont les fers, & C C les manches.
80. Une équerre à onglet ou triangle anglé; A en eſt l'épaulement.
81. Une ſauterelle ou fauſſe équerre.
82. Une équerre; A en eſt l'aſſemblage.
83. Autre équerre; A eſt une branche plus épaiſſe que celle B, dont C eſt l'aſſemblage.
84. Une pointe à tracer. A en eſt la pointe, & B le manche.
85. Un petit compas.
86. Un vilbrequin. A en eſt la manivelle, B le manche tournant, C le trou quarré, & D le taſſeau qui tient la meche.
87. Une meche. A en eſt la tête, & B le bout perçant.
88. 89. & 90. Fraiſoirs; A A A ſont les fraiſes, & B B B leur tête.
91. Un marteau dont A B eſt la tête, & C le manche.
92. Une paire de tenailles ou triquoiſes. A A en ſont les branches, B B les mors, & C la charniere.

PLANCHE XI.

93. Un compas en verge. A A en eſt la tige & B B les couliſſes.
94. Un ſergent. A en eſt la tige, B le coude, C le crochet denté, D la couliſſe, E la vis, & F le bout renforcj de la tige.
95. Une varelope dont A eſt le manche, & B le crochet par où on la pouſſe.
96. Un rabot.
97. Une demi-varelope.
98. Un feuilleret.
99. Un guillaume.
100. Un rabot armé de fer.
101. Un couteau à trancher. A en eſt le fer, & B le manche.
102. Autre couteau à trancher, mais plus petit que le précédent.
103. Un fer crochu. A A en ſont les coudes, & B B les tranchans acérés.
104. Un poliſſoir de joue.
105. & 106. Truſquins ou guileboquets. A A en ſont la tige, B B les pointes à tracer, C C les planchettes & D D les clavettes.
107. Un fermoir. A en eſt le fer aceré, B la pointe, & C le manche.
108. Un ciſeau; A en eſt le biſeau aceré.
109. Un petit ciſeau.
110. Un fort bec-d'âne.
111. Un petit bec-d'âne.
112. Une forte gouge, dont A eſt le fer.
113. Une petite gouge.
114. Une tariere dont A eſt le fer aceré, & B le manche.
115. Une petite preſſe. A A en eſt le chaſſis, B l'une des deux jumelles, & C la vis.
116. Un racloir. A en eſt le fer, & B la piece de bois ſervant de manche.
117. Un tourne-vis, dont A eſt le fer & B le manche.
118. Un tire-fond. A en eſt la vis acérée, & B l'anneau.

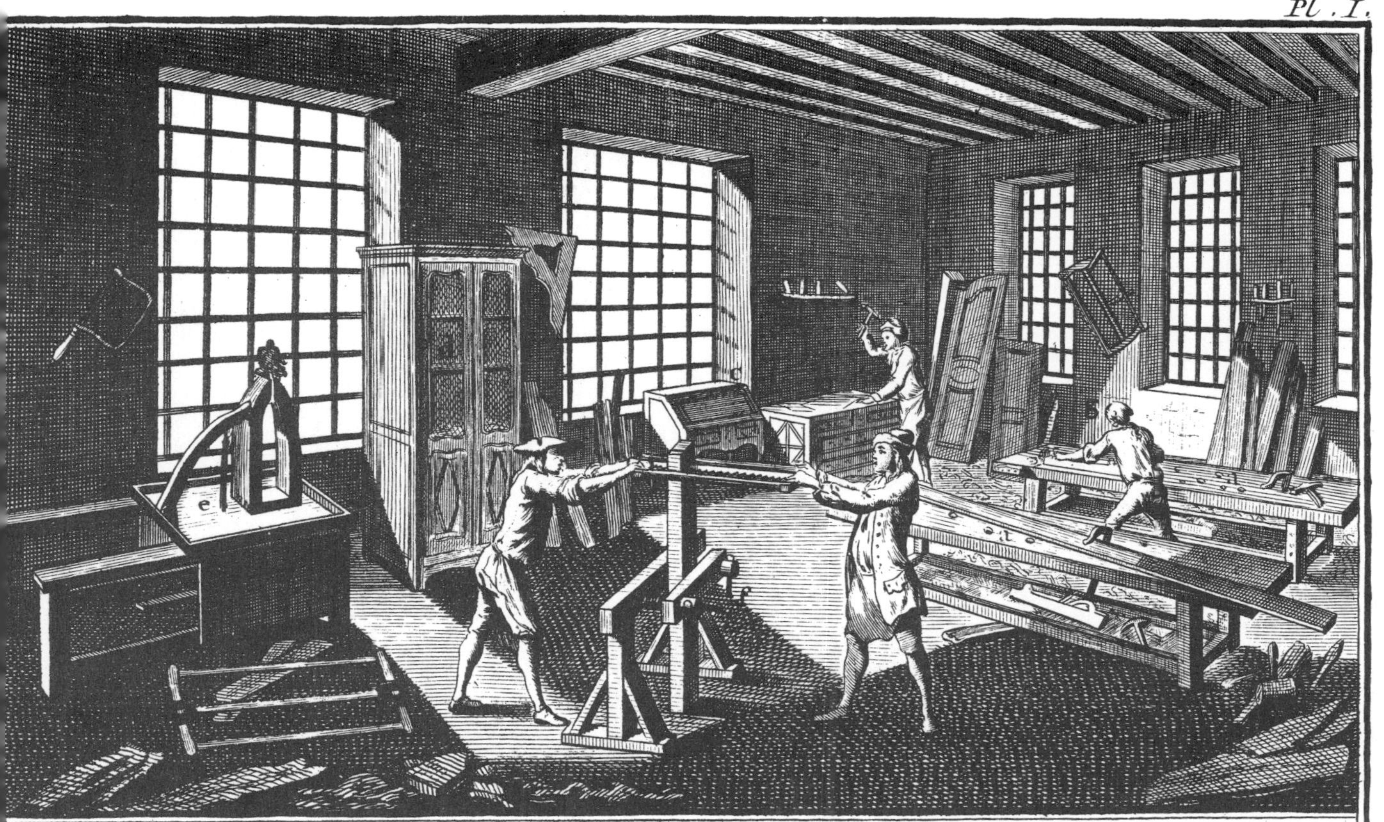

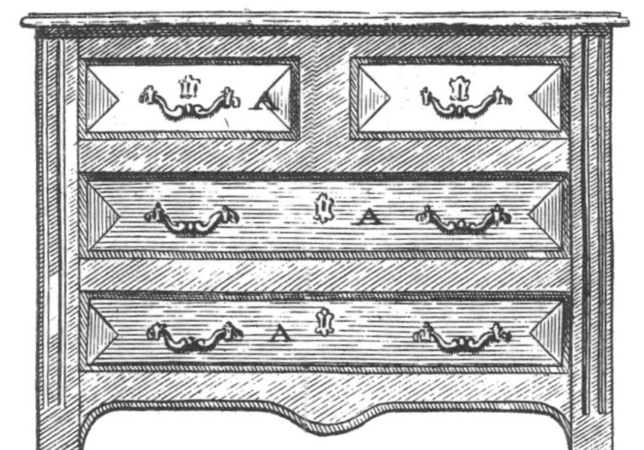

fig. 1.

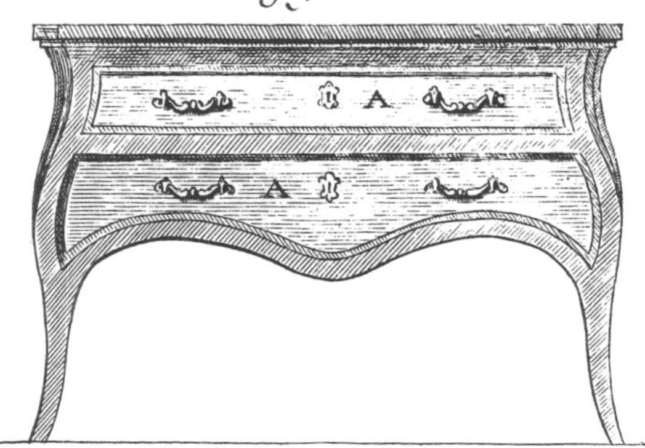

fig. 3.

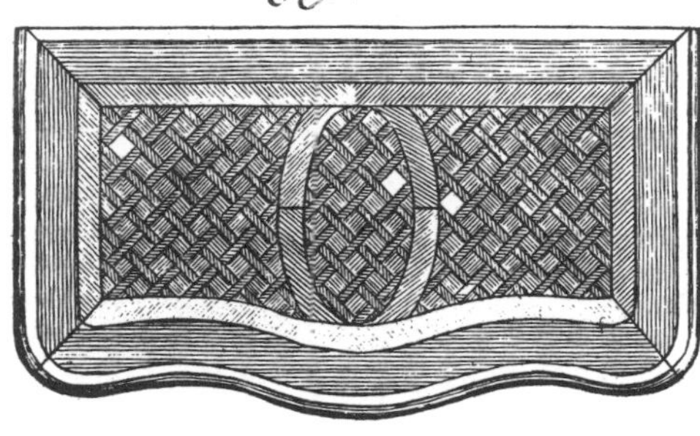

fig. 2.

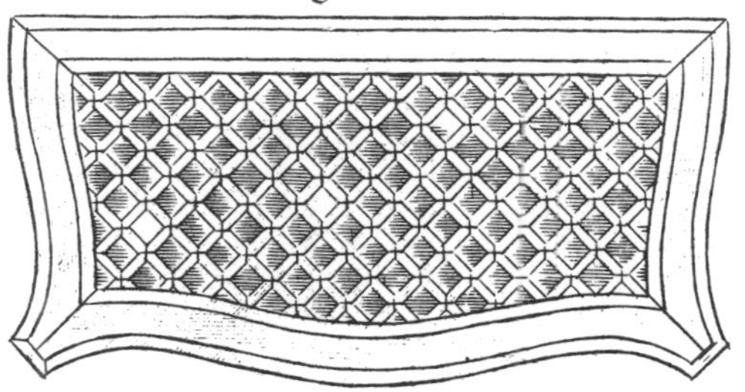

fig. 4.

Lucotte Del.

Benard fecit.

Ébèniste et Marqueterie.

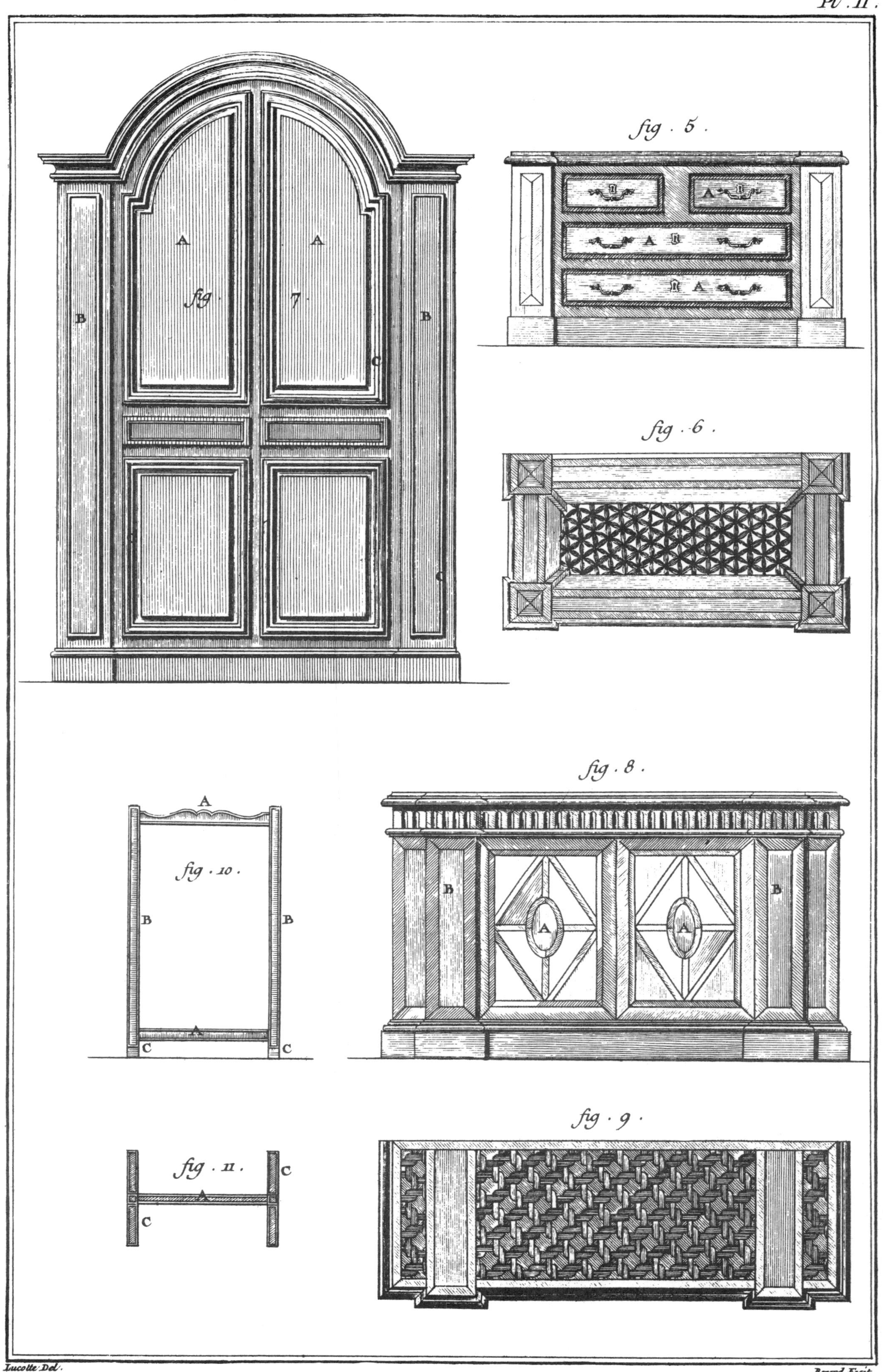

Ébèniste et Marquéterie.

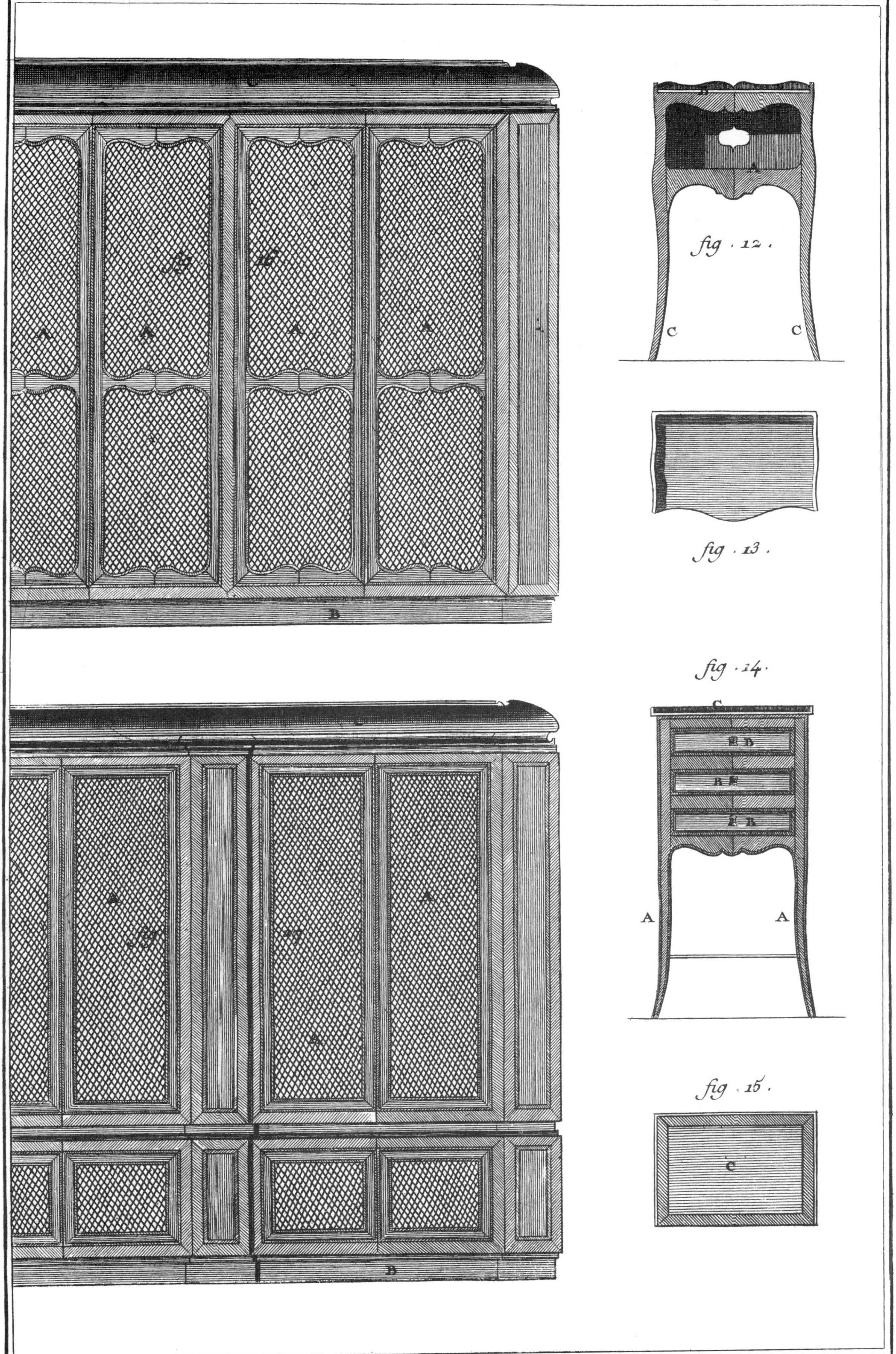

Ébèniste et Marquéterie.

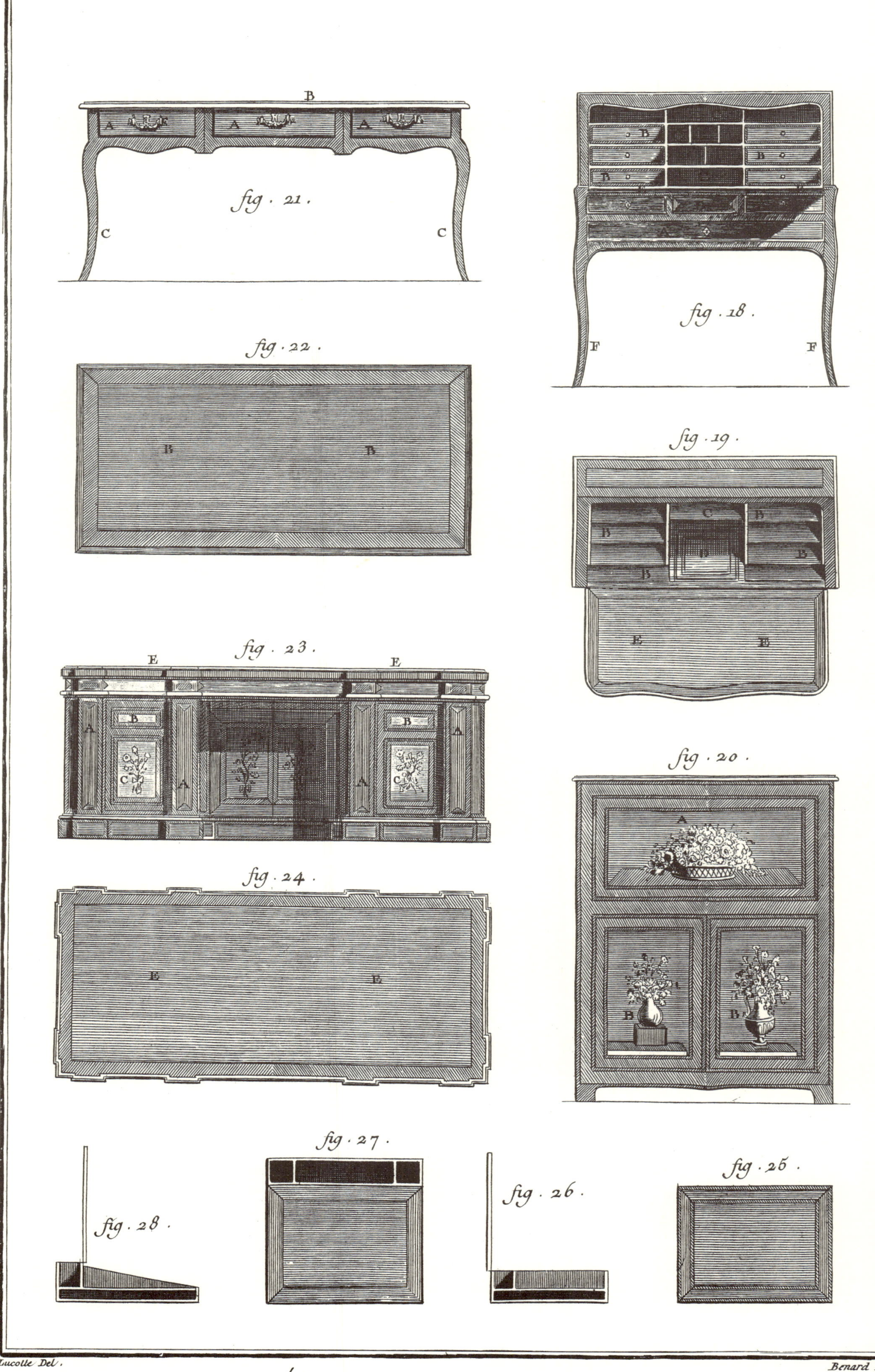

Ébèniste et Marquéterie.

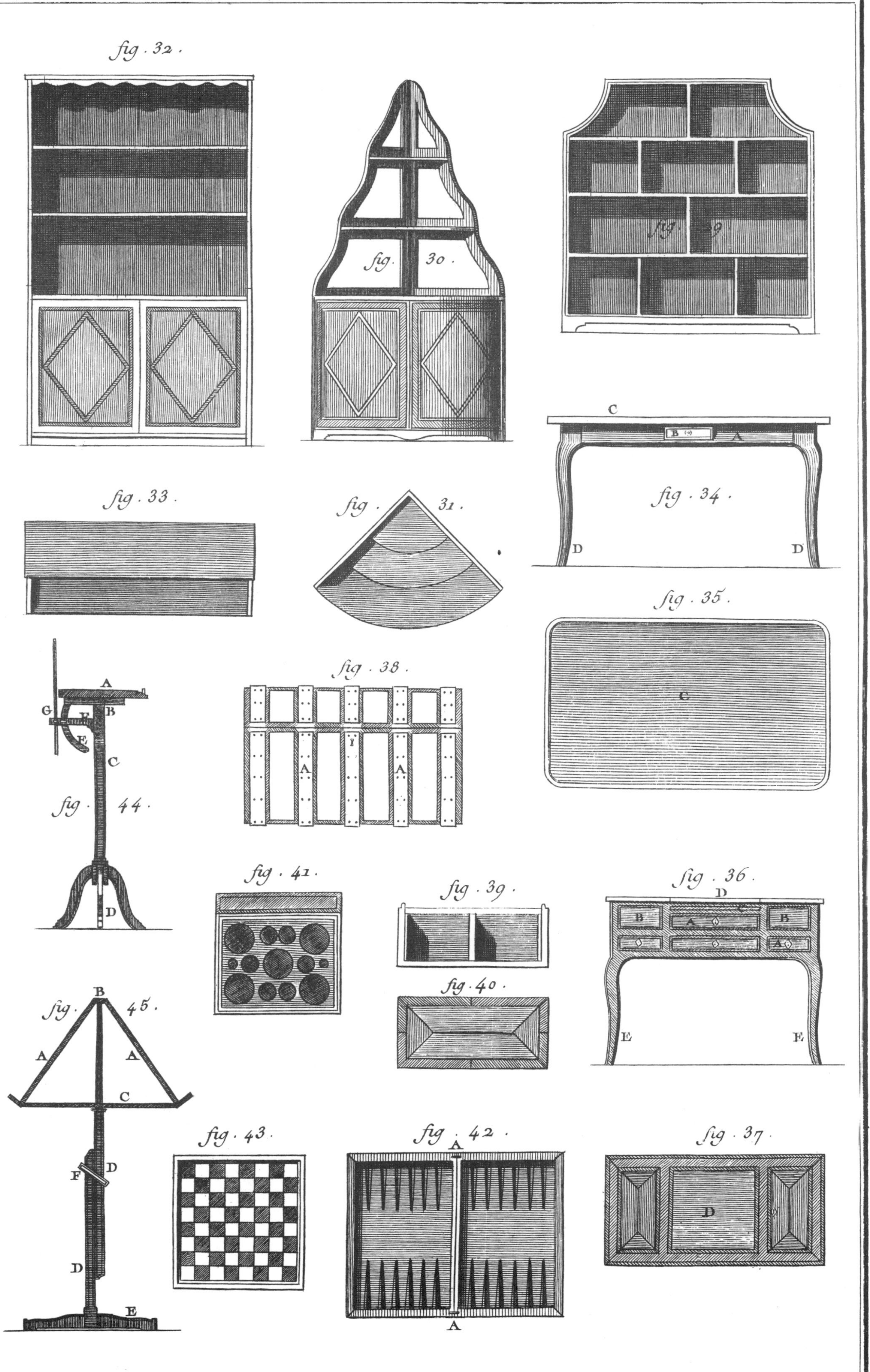

Ébèniste et Marquéterie .

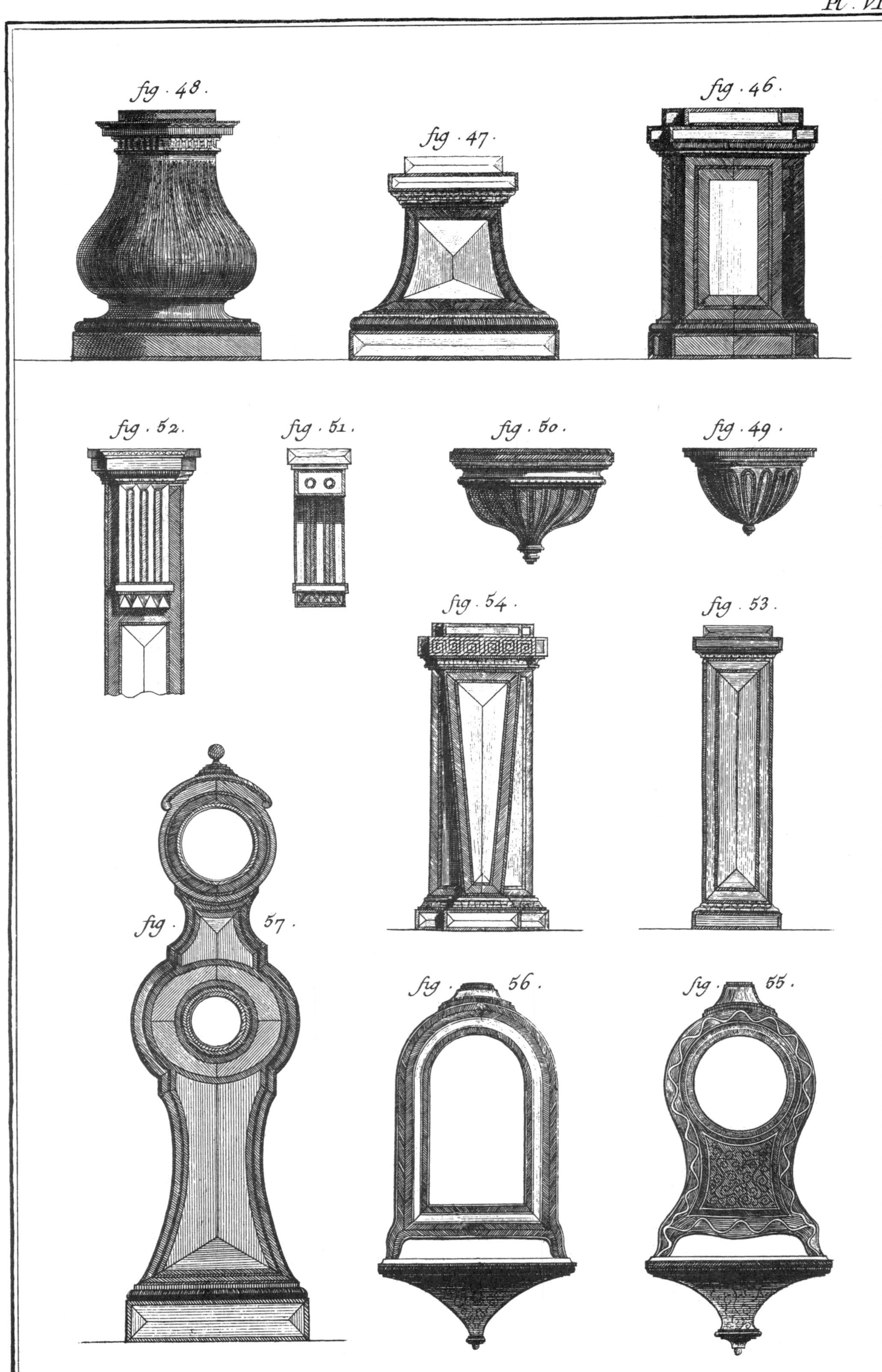

Ébèniste et Marquéterie.

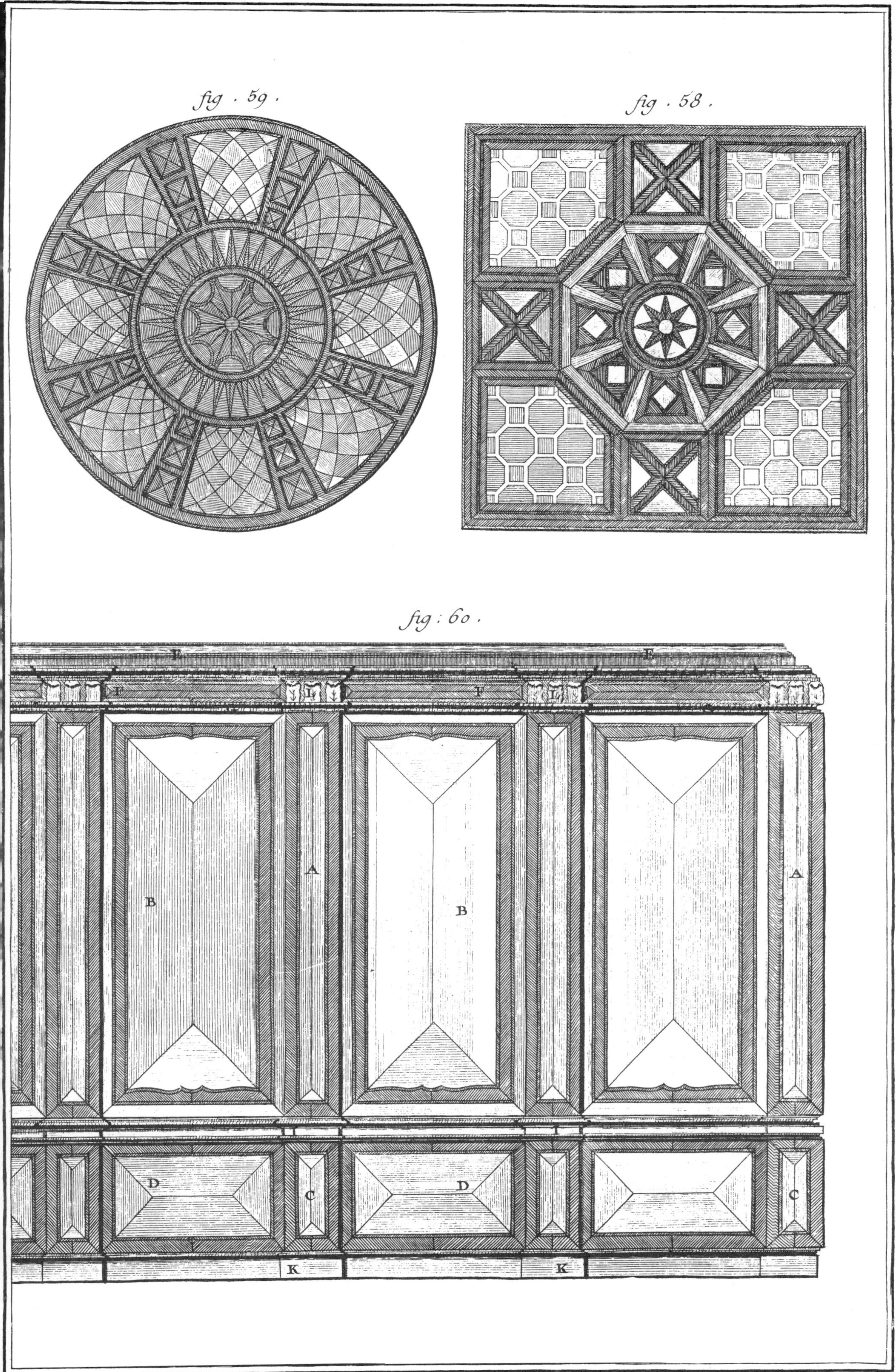

Ébèniste et Marquéterie.

Ébèniste et Marquéterie.

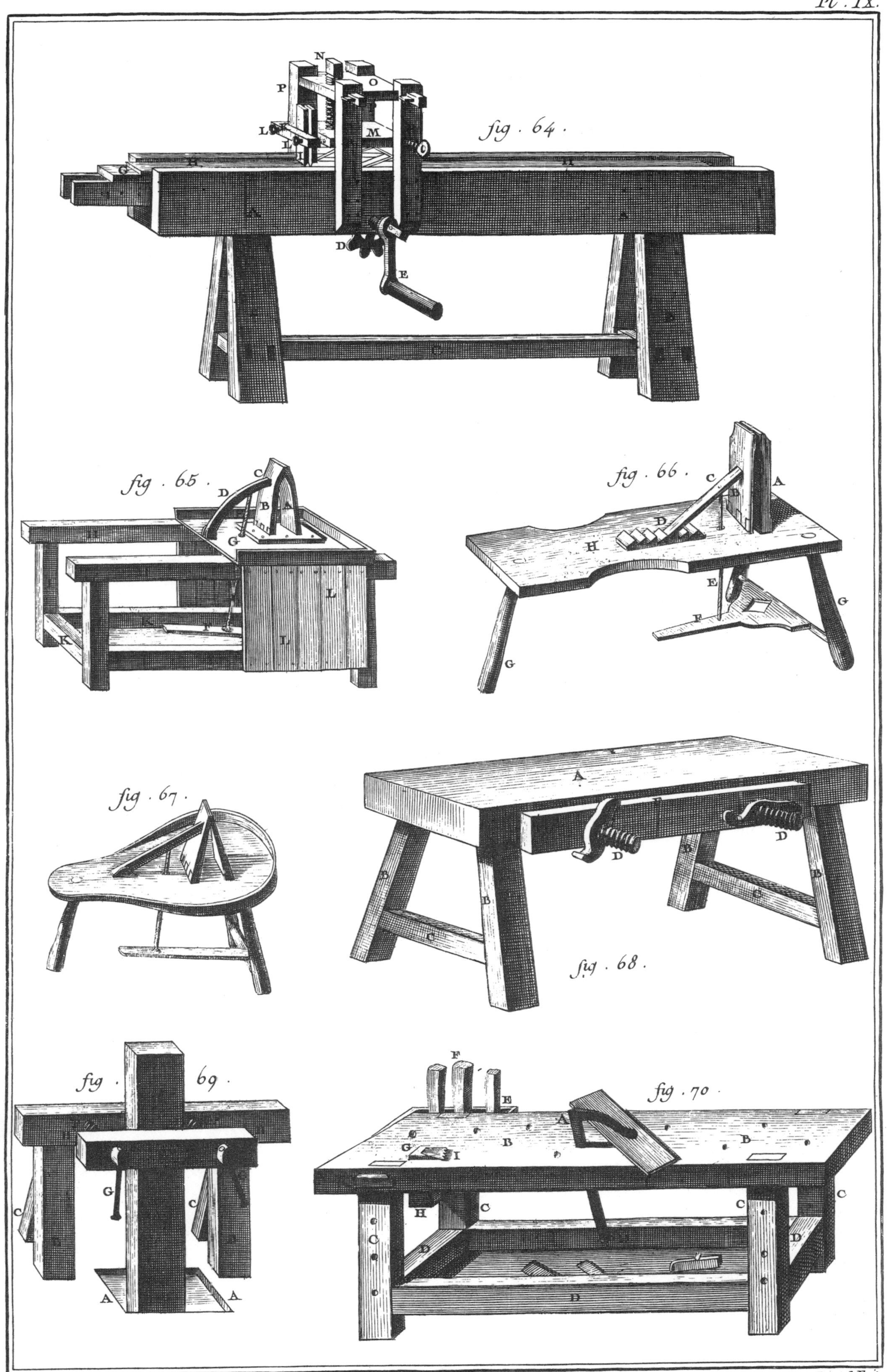

Ébèniste et Marquéterie .

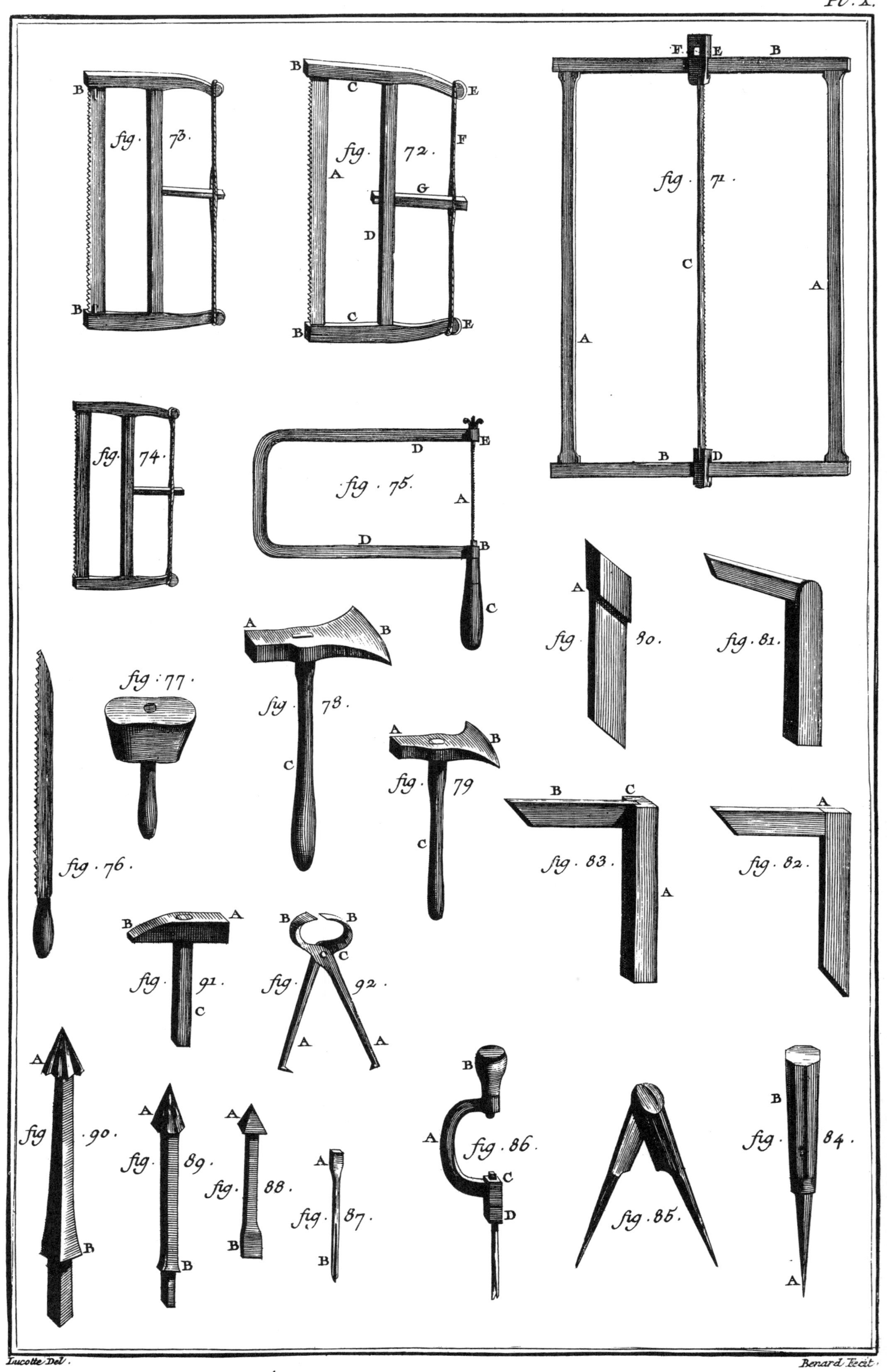

Ébéniste et Marquéterie.

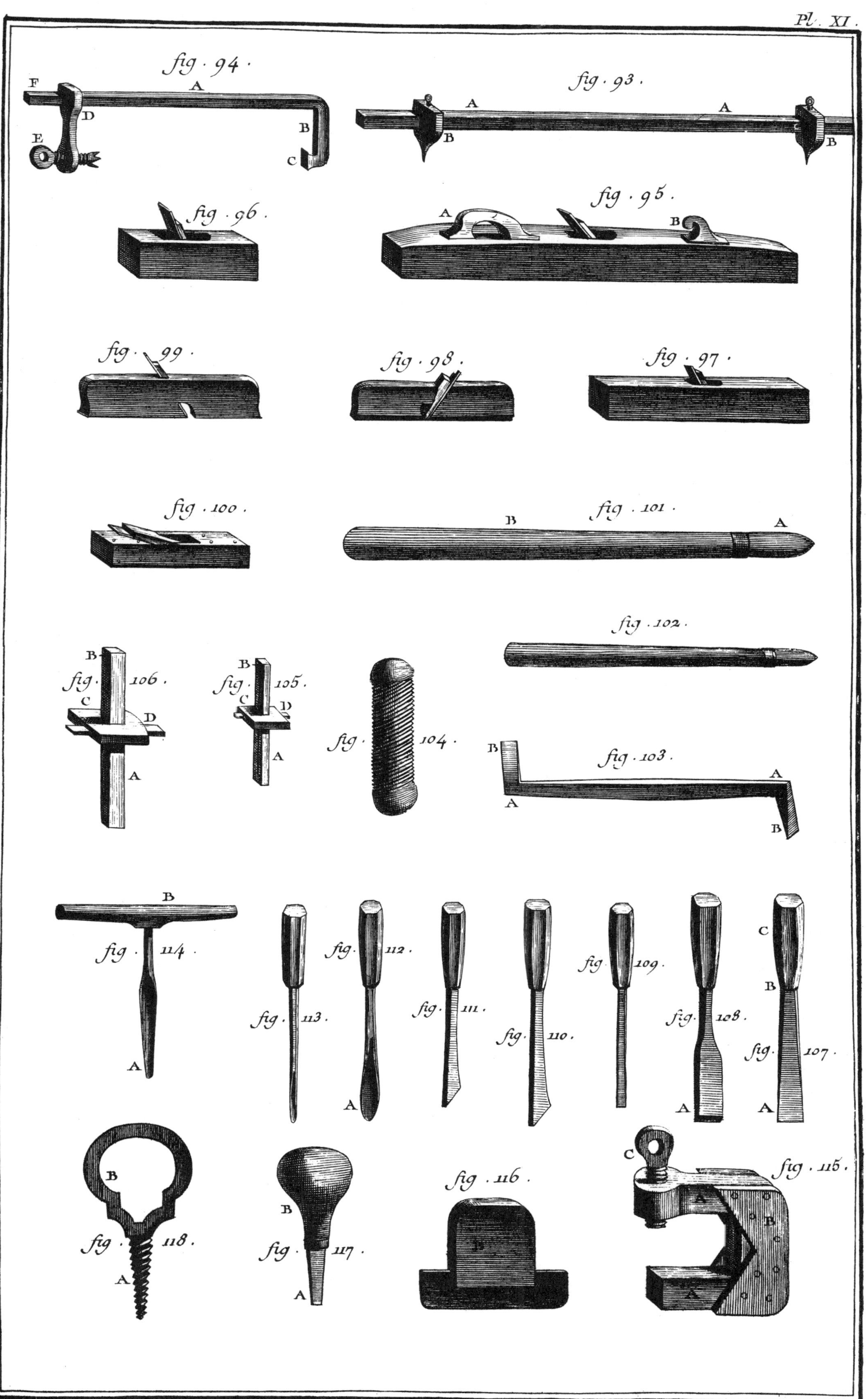

Ébèniste et Marquéterie.

MENUISIER EN BATIMENS,

PLANCHE Iere.

LE haut de cette Planche repréfente un chantier de Menuifier, où plufieurs ouvriers occupés, les uns en *a* à débiter des bois; d'autres dans l'attelier en *b* à d'autres ouvrages; & les autres en *g* à ranger le bois fur les piles. *hh* font des piles de bois de menuiferie.

Affemblages.

Fig. 1. Affemblage quarré à moitié bois. A B les pattes.
2. Affemblage quarré à tenon & mortoife. A le tenon. B la mortoife.
3. Affemblage quarré à bouement avec alaize à tenon & mortoife. A le tenon. B la mortoife.
4. Affemblage quarré à bouement au milieu à tenon & mortoife. A A l'affemblage.
5. Affemblage quarré à bouement croifé à tenon & mortoife. A A, A A les affemblages.
6. 7. 8. Affemblages à queue d'aronde, à queue d'aronde tout court, à queue d'aronde perdue, à queue percée.

PLANCHE II.

Le haut de la Planche repréfente un attelier de menuiferie, où plufieurs ouvriers font occupés à différens ouvrages de menuiferie en bâtiment; l'un en *a* à refendre; un en *b* à fcier; deux autres en *c* à débiter des bois; un en *d* à percer au vilbrequin; deux en *e* à pouffer des rainures & languettes; un en *f* à monter une feuille de parquet. *g* & *h* font différens ouvrages de menuiferie préparés.

Affemblages.

Fig. 9. Affemblage à clé. A A & les mortoifes des clés. B B les clés.
10. Affemblage en onglet entaillé à moitié bois. A B les onglets.
11. Affemblage en onglet à tenon & mortoife.
12. Affemblage en fauffe coupe.
13. Affemblage en adent ou à rainure & languette. A la rainure. B la languette.
14. Affemblage en emboîture. A l'emboîture. B la rainure. C la languette. D D D les mortoifes des clés. E E E les clés. F F F les planches affemblées.

PLANCHE II. Nº. 2.

Affemblages. Les bois de même épaiffeur.

Fig. 1. Affemblage à feuillure. A la feuillure.
2. Affemblage à rainure & languette. A la rainure. B la languette.
3. Affemblage à rainure & languette avec feuillure. A la rainure. B la languette. C la feuillure.
4. Affemblage à rainure & double languette. A A les rainures. B B les doubles languettes.
5. Affemblage à double rainure & languette. A A les rainures. B B les languettes.
6. Affemblage à rainure & languette avec double feuillure. A la rainure. B la languette. C C les doubles feuillures.
7. Affemblage à noix. A la noix creufe. B la noix ronde.
8. Affemblage de différente épaiffeur à feuillure fimple. A la feuillure.
9. Affemblage à feuillure double. A la feuillure.
10. Affemblage à double rainure. A A les doubles rainures.
11. Affemblage en avant à rainure & languette. A la rainure. B la languette.
12. Autre affemblage en avant à rainure & languette. A la rainure. B la languette.
13. Affemblage en avant à rainure & double languette. A A les rainures. B B les doubles languettes.
14. Affemblage à recouvrement, à rainure & languet-

te. A le recouvrement. B la rainure. C la languette.

Affemblages angulaires.

15. Affemblage à feuillure à bois entier. A la feuillure.
16. Affemblage à feuillure à moitié bois. A la feuillure.
17. Affemblage à rainure & languette à moitié bois. A la rainure. B la languette.
18. Affemblage à rainure & languette d'un côté. A la rainure. B la languette.
19. Affemblage à rainure en arriere. A la rainure. B la languette.
20. Affemblage à rainure & languette en avant. A la rainure. B la languette.

Affemblages à pattes.

21. Affemblage à pattes & à queue d'aronde. A la queue d'aronde.
22. Piece d'affemblage portant la queue d'aronde. A la queue.
23. Piece d'affemblage portant l'entaille de la queue d'aronde. A l'entaille.
24. Affemblage à tenon & mortoife bout à bout. A l'affemblage.
25. Piece d'affemblage portant la mortoife. A la mortoife.
26. Piece d'affemblage portant le tenon. A le tenon.
27. Affemblage à patte à moitié bois & chevillé. A l'affemblage.
28. 29. Pieces d'affemblage. A A les pattes.

Affemblages en traits de pupitre.

30. Affemblage en trait de pupitre à patte. A A les pattes. B le coin.
31. Coins de l'affemblage.
32. 33. Pieces de l'affemblage. A A les pattes. B B les talons. C C les entailles des pattes.
34. Affemblage en trait de pupitre fimple. A A les coins. B B les pattes.
35. Coins.
36. 37. Pieces de l'affemblage. A A les pattes. B B les talons. C C les entailles des pattes.
38. Coins.
39. Affemblage en trait de pupitre double. A A & les coins. B B les pattes.
40. 41. Pieces de l'affemblage. A A les pattes. B B & les talons. C C les entailles des pattes.

PLANCHE II. Nº. 3.

Moulures à cadres embrafés. Cadres à panneaux liés.

Fig. 1. Cadre à filet.
2. Cadre à quart de rond & filet.
3. Cadre à baguette.
4. Cadre à quart de rond & double filet.
5. Cadre à baguette & filet.
6. Cadre à quart de rond, double filet & congé.

Cadres à panneaux détachés.

7. Cadre à filet.
8. Cadre à quart de rond & filet.
9. Cadre à baguette.
10. Cadre à quart de rond & double filet.
11. Cadre à baguette & filet.
12. Cadre à quart de rond; double filet & congé.

Cadres à panneaux liés.

13. Cadre à congé.
14. Cadre à bouement.
15. Cadre à congé & filet.
16. Cadre à bouement, à baguette & filet.
17. Cadre à congé, baguette & filet.
18. Cadre à bouement, baguette & congé.

A

Cadres à panneaux détachés.

19. Cadre à congé.
20. Cadre à bouement.
21. Cadre à congé à filet.
22. Cadre à bouement, baguette & filet.
23. Cadre à congé, baguette & filet.
24. Cadre à bouement, baguette & congé.

Cadres à demi-gorge à panneaux détachés.

25. Cadre à bouement.
26. Cadre à bouement, baguette & filet.
27. Cadre à bouement, baguette & congé.
28. Cadre à bouement & boudin.
29. Cadre à bouement, à baguette & boudin.
30. Cadre à bouement, à baguette & congé, & boudin à baguette.
31. Cadre à bouement, à baguette & boudin à congé.
32. Cadre à bouement, à baguette & boudin à baguette & congé.
33. Cadre à bouement, à baguette & congé, & boudin à baguette & congé.

Cadres à gorge à panneaux détachés.

34. Cadre à bouement & boudin.
35. Cadre à bouement & boudin à congé.
36. Cadre à bouement, à baguette & congé à boudin à baguette & congé.

PLANCHE II. Nº. 4.

Moulures à cadres embrasés. Cadres à panneaux liés.

Fig. 1. Bec de corbin à baguette.
2. A baguette & filet.
3. A baguette & congé.

Cadres à panneaux détachés.

4. Bec de corbin à baguette.
5. A baguette & filet.
6. A baguette & congé.

Cadres à panneaux liés.

7. Bec de corbin à demi-gorge à baguette.
8. A baguette & filet.
9. A baguette & congé.

Cadres à panneaux détachés.

10. Bec de corbin à demi-gorge à baguette.
11. A baguette & filet.
12. A baguette & congé.

Cadres à gorge à panneaux à double plate-bande.

13. Bec de corbin à filet.
14. A baguette.
15. A baguette & congé.

Gorges à filet.

16. Bec de corbin à filet.
17. A baguette.
18. A baguette & congé.

Gorges à quart de rond.

19. Bec de corbin à filet.
20. A baguette.
21. A baguette & congé.

Gorges à congé, à baguette.

22. Bec de corbin à filet.
23. A baguette.
24. A baguette & congé.

Demi-gorges à boudin.

25. Bec de corbin à filet.
26. A baguette.
27. A baguette & congé, boudin à congé.

Gorges à filet.

28. Bec de corbin à filet, boudin à filet.
29. A baguette, boudin à baguette.
30. A baguette & congé, boudin à congé à baguette.

Cadres élégis.

31. Plate-bande, gorge, bec de corbin & boudin à filet.
32. Plate-bande à quart de rond, gorge à filet, bec de corbin à baguette, & boudin à congé.

33. Plate-bande à congé, gorge à filet, bec de corbin à congé, boudin à baguette.
34. Plate-bande à filet, gorge à filet, bec de corbin à baguette, doucine à filet.
35. Plate-bande à congé, gorge à filet, bec de corbin à baguette & congé, doucine à baguette.
36. Plate-bande à boudin & congé, gorge à filet, bec de corbin à baguette & congé, doucine à baguette.

PLANCHE III.

Moulures.

Fig. 15. Baguette.
16. Boudin.
17. Quart de rond.
18. Cavet.
19. Talon.
20. Doucine.
21. Bec de corbin.
22. 23. 24. 25. Chambranles & bâtis de portes à placard. A A & les chambranles. B B les bâtis des portes. C C les cadres. D D les panneaux. E E les embrasemens.
26. 27. 28. 29. Bâtis de lambris. A B C les bâtis.
30. Portion de lambris. A A panneaux de portes à placard simple. B B panneaux de portes à placard à deux venteaux. C panneau de la porte coupée. D D panneaux de lambris. E E panneaux pilastres. F F panneaux d'appui. G G panneaux pilastres d'appui. H H dessus de porte. I I chambranle. K K bâtis. L L cadres. M traverse. N N joints de la porte coupée. O joint à pivot de la porte. P Plan de la porte coupée. Q Q cimaise. R R plinthe. S S corniche.

PLANCHE III. Nº. 2.

Fig. 1. Porte coupée dans le lambris. A partie du cadre du haut. B B partie du cadre du bas. C panneau du haut. D panneau du bas. E E bâtis. F cimaise. G plinthe.
2. Porte à placard simple à un ventail. A A le chambranle. B B les panneaux. C C les bâtis. D D les cadres.
3. Porte à placard de deux venteaux. A A le chambranle. B B les panneaux. C C les bâtis. D D les cadres.
4. 5. Assemblage à tenon & mortoise du chambranle. A le tenon. B la mortoise.
6. 7. Assemblage du socle du même chambranle. A le tenon. B la mortoise du socle.
8. 9. 10. 11. Profils d'une porte à parement simple à un seul ventail, d'une porte à parement double à un seul ventail, d'une porte à parement simple à deux venteaux, & d'une porte à parement double à deux venteaux. A A & les chambranles. B B les bâtis. C C les panneaux.

PLANCHE III. Nº. 3.

Elévation & plan d'une décoration de lambris, décoré d'ordre d'architecture propre à un sallon circulaire.

PLANCHE III. Nº. 4.

Elévation & plan d'une décoration de lambris décoré d'ordre d'architecture à l'usage d'un sallon quarré.

PLANCHE III. Nº. 5.

Elévations & plans de décoration de lambris décorés d'architecture, l'un avec ordre & l'autre sans ordre, à l'usage de salle de compagnie, l'une à barre longue, & l'autre à pan coupé.

PLANCHE III. Nº. 6.

Elévations & plans de décorations de lambris décorés d'architecture, l'un avec ordre, & l'autre sans ordre, à l'usage de cabinets ou bibliotheques.

PLANCHE IV.

Fig. 31. Porte cochere plein ceintre. A linteau. B B guichets. C C bâtis des guichets. D D cadres des

guichets. E E panneaux des guichets. F F battans
des portes. G G traverse. H H panneaux en boffage. I I panneaux ceintrés. K K cadres ceintrés.

32. Porte plein ceintre avec croifée d'entre-fol. A linteau. B B guichets. C C bâtis des guichets. D D cadres des guichets. E E panneaux des guichets. F F
battans des portes. G G panneaux au-deffus des
guichets. H H cadres des panneaux. I appuis de
balcon. K K panneaux ceintrés. L L cadres ceintrés.

33. Porte quarrée. A linteau. B B guichets. C C bâtis
des guichets. D D cadres des guichets. E E panneau du bas des guichets. F F bâtis des portes. G G
bâtis des panneaux au-deffus des guichets. H H
panneaux. I I cadres. K K traverfes. L L corniche
des panneaux. M panneau dormant. N cadre.

34. Porte bombée.

35. Porte furbaiffée. B B guichets. C C bâtis des guichets. D D cadres des guichets. E E panneaux des
guichets. F F battans des portes. G G bâtis des panneaux au-deffus. H H cadre du panneau furbaiffé.
H corniche du panneau bouée. I I panneaux. K
linteau. L L cadre du panneau bombé.

36. Porte charetiere. A A les planches. B B les barres.
C C les points d'appui.

37. Porte bâtarde à deux venteaux. A linteau. B B les
bâtis. C C les cadres. D D les panneaux du haut.
E E les panneaux du bas. F cadre du panneau dormant.

38. Profil de l'une des portes cocheres. B battant de la
porte. C battant du guichet. D cadre. E panneau.

39. Profil de la porte bâtarde. B battant. C cadre. D le
panneau.

40. Porte d'allée. A A les bâtis. B B les cadres. C panneau du haut. D panneau du bas.

41. Porte d'écurie. A A les bâtis. B B les panneaux du
haut. C C les panneaux du bas.

PLANCHE IV. N°. 2.

Fig. 1. 2. 3. 4. Plans de la porte cochere plein ceintre,
fig. 31. de la Planche précédente à la hauteur I I, à
la hauteur H H, à la hauteur B B, & à la hauteur
E E.

5. 6. 7. 8. Plan de la porte cochere plein ceintre, *fig.*
32. de la même Planche, à la hauteur K K, à la
hauteur G G, à la hauteur B B, & à la hauteur E E.

9. 10. 11. 12. Plans de la porte cochere quarrée,
fig. 33. de la même, à la hauteur M, à la hauteur
H H, à la hauteur B B, & à la hauteur E E.

PLANCHE IV. N°. 3.

Fig. 1. 2. 3. 4. Plans de la porte cochere bombée, *fig.*
34. de la même, à la hauteur I, à la hauteur M, à
la hauteur B, & à la hauteur E.

5. 6. 7. 8. Plans de la porte cochere furbaiffée, *fig.*
35. de la même, à la hauteur I, à la hauteur K, à
la hauteur B, & à la hauteur E E.

9. 10. Plans de la porte bâtarde, *fig.* 37. de la même,
à la hauteur D D, & à la hauteur E E.

11. 12. Plans de la porte d'écurie, *fig.* 41. de la même,
à la hauteur B B & à la hauteur C C.

PLANCHE IV. N°. 4.

Fig. 1. Profil de la porte cochere, *fig.* 31. de la Planche IV. n°. 1.

2. Profil de la porte cochere, *fig.* 32. de la même.
3. Profil de la porte cochere, *fig.* 33. de la même.
4. Profil de la porte cochere, *fig.* 34. de la même.
5. Profil de la porte cochere, *fig.* 35. de la même.
6. Profil de la porte bâtarde, *fig.* 37. de la même.
7. Profil de la porte d'allée, *fig.* 40. de la même.
8. Profil de la porte d'écurie, *fig.* 41. de la même.

Noms des Pieces concernant les Portes cocheres.

A A & bâtis battant des portes. B B bâtis dormant
des portes. C C bâtis du haut. D D panneaux du haut.
E E bâtis double. F F bâtis des guichets. G G panneaux
au-deffus des guichets. H H panneaux du haut des guichets. I I panneaux du bas des guichets. K K linteaux.
L L boffage. M M traverfe du haut des portes. N N

traverfe du bas des portes. O O traverfe du haut des
guichets. P P traverfe du bas des guichets. Q Q traverfe du milieu des guichets.

PLANCHE IV. N°. 5.

Détails de la Porte cochere quarrée, fig. 33. *Pl. IV.*

Fig. 1. 2. Traverfes du panneau dormant. A A les moulures. B B les mortoifes.

3. 4. Montans du panneau dormant. A A les moulures.
B B les tenons.

5. Linteau.

6. 7. Corniches des panneaux au-deffus des guichets.

8. 9. 10. 11. Battans des portes. A A & les mortoifes.

12. 13. 14. 15. 16. 17. Traverfes des battans des portes. A A & les tenons.

18. 19. 20. 21. Traverfes des panneaux du haut. A A
les moulures. B B les tenons.

22. 23. 24. 25. Montans des panneaux du haut. A A &
les moulures. B B les mortoifes.

26. 27. 28. 29. Battans des guichets. A A les moulures.
B B les mortoifes.

30. 31. 32. 33. 34. 35. Traverfes des guichets. A A les
moulures. B B les tenons.

PLANCHE V.

Fig. 42. Porte battante à deux venteaux. A A les chaffis.
B B les traverfes.

43. Porte battante à un feul ventail. A A le chaffis. B B
les traverfes.

44. 45. Portes de caves & de cuifine. A A les planches.
B l'emboîture. C C les barres.

46. Elévation, *fig.* 47. plan, *fig.* 49. coupe d'une croifée & fes volets. A A le tableau de la croifée. B B le
chaffis dormant. D D les battans de derriere des
chaffis à verre. E E les battans de devant. F F les
traverfes du haut. G G les traverfes du bas. H H
les petits bois. I le linteau. K K les joints des volets. L L montans des volets. M M traverfes des
volets. N N cadres des volets. O O panneaux des
volets. P partie du lambris d'embrafement.

48. Exemple de deux montans de chaffis à verre à
noix. A le montant entrant à noix. B le montant
portant la noix.

PLANCHE V. N°. 2.

Fig. 1. Elévation, & *fig.* 2. coupe d'une croifée à verres
de Bohême ou glaces. A A le chaffis dormant. B B
les chaffis à verre. C C les petits bois.

3. 4. Battans de milieu entrant l'un dans l'autre à noix.
A A les moulures. B B les mortoifes.

5. Battant de derriere. A A les moulures. B B les mortoifes.

6. 7. Traverfes du haut des chaffis à verre. A A les
moulures. B B les tenons.

8. 9. Traverfe du bas des chaffis à verre. A A les moulures. B B les tenons.

10. 11. Petits bois. A A les moulures. B B les tenons.

12. Plan développé de la croifée. A A le chaffis dormant. B B montans de derriere des chaffis à verre.
C C montans à noix des mêmes chaffis.

PLANCHE VI.

Fig. 50. Croifée à couliffe. A A chaffis dormant. B B chaffis à verre dormant. C C chaffis à verre à couliffe.

51. Plan développé de la croifée. A le chaffis dormant.
q le chaffis à couliffe.

52. Porte croifée. A linteau. B B le chaffis dormant. C C
les battans de derriere du chaffis à verre. D D les
battans de devant du chaffis à verre. E E & les petits bois. F F les panneaux du bas. G G cadres des
panneaux.

53. Planche de la porte croifée. B le chaffis dormant. C
le battant de derriere du chaffis à verre. D D battans de milieu.

54. Eventail d'une porte croifée.

55. Porte vitrée. A A les battans. B les petits bois. C
panneau du bas. D D cadre du panneau.

56. Cloifon de menuiferie. A A & planches. B B cou-
liffes.

57. Jaloufie. A A chaffis. B B les traverfes. C C & les planchettes.

58. Fermeture de boutique. A A les planches. B B les emboîtures.

59. Parquet en lofange. A A feuille de parquet. B B bâtis. C C leur affemblage. D D les croifillons. E E & les carreaux.

PLANCHE VI. N°. 2.

Fig. 1. Parquet quarré. A A les feuilles. B B les montans affemblés en pointe de diamant. C C les bâtis. D D les croifillons. E E & les carreaux.

2. Parquet en point d'Hongrie. A A les montans. B B les travées.

3. 4. Montans du parquet en point d'Hongrie. A A & les rainures.

5. 6. 7. Travées du même parquet. A A & les languettes.

8. 9. Montans du parquet quarré. A A & les pointes de diamant. B B les rainures.

10. 11. 12. 13. bâtis. A A les tenons. B B les languettes.

14. 15. Croifillons du milieu. A A les entailles. B B les tenons.

16. 17. 18. 19. 20. 21. Petits croifillons. A A les entailles. B B les tenons.

22. 23. 24. 25. Autres petits croifillons. A A les tenons.

26. 27. 28. 29. 30. 31. Carreaux. A A les languettes.

32. Jaloufie à la perfienne. A la planche portant poulies. B la planche tournante. C C & les lattes. D le cordon pour l'enlever. E E les cordons de devers.

33. Le couvercle. A A les oreillons.

34. Planche portant poulies. A A entailles des poulies. B B tés à touret.

35. Planche tournante. A A les mortoifes. B B les tourillons.

36. 37. Lattes. A A les mortoifes pour le paffage des cordes.

PLANCHE VII.

Fig. 60. Equerre. A l'affemblage.

61. Equerre à épaulement. A B les branches. C les épaulemens.

62. Fauffe équerre.

63. Triangle onglé ou à équerre à onglet. A épaulement à quarante-cinq degrés.

64. Maillet.

65. Marteau. A la tête. B la panne. C le manche.

66. 67. Trufquin. A les tiges. B B les pointes. C les platines.

68. Compas.

69. Triquoifes. A A les branches. B B les mors. C la charniere.

70. Scie à chevilles. A le manche.

71. Petit trufquin. A la tige. B la pointe. C la platine.

72. Boîte pour les onglets. A l'entrée des bâtis. B la partie à quarante-cinq degrés.

73. Fermoir. A le taillant. B C le manche.

74. Cifeau. A le taillant.

75. Cifeau de lumiere.

76. Fermoir à nez rond. B le taillant.

77. Bec d'âne.

78. Gouge ronde. A le taillant.

79. Gouge quarrée ou grain d'orge. A le taillant.

80. Lime. A le manche.

81. Rape.

82. Queue de rat, rape.

83. Scie à arrafer. A la fcie.

84. Reglet à dégauchir. A la tige. B B les planchettes. C C leurs lumieres.

85. Vilbrequin. A la poignée. B le manche. C le quarré. D la meche.

86. Meche. A la tête. B la meche.

87. Scie à refendre. A A les montans du chaffis. B B les traverfes. C la fcie. D la boîte d'en-bas. E la boîte du haut. F le coin. G la broche.

88. Scie fimple. A la lame. B B les mortoifes. C C les traverfes du chaffis. D le montant. E E l'arrêt. F la corde. G le garot.

89. Scie tournante. B B les tourets.

90. Petite fcie.

91. Scie à main.

PLANCHE VIII.

Outils.

Fig. 92. Rabot.

93. Coin du rabot.

94. Fer du rabot.

95. Varelope. A le manche. B le point d'appui.

96. Varelope à onglet.

97. Guillaume.

98. Coin du guillaume.

99. Fer du guillaume.

100. Feuilleret pour feuillure.

101. Coin du feuilleret.

102. Fer du feuilleret.

103. Guillaume à plate-bande.

104. Fer du guillaume.

105. Bouvet fimple à rainures. A la joue. B la rainure.

106. Fer du bouvet.

107. Bouvet à languette.

108. Fer du bouvet.

109. Bouvet brifé, ou de deux pieces à rainures. A le bouvet ferré. B le bouvet à coins. D D les coins.

110. Fer du bouvet brifé.

111. Bouvet brifé à languette. A la languette.

112. Fer du bouvet.

113. Rabot ceintré.

114. Fer du rabot ceintré.

115. Autre rabot rond.

116. Fer du rabot rond.

117. Rabot à mouchette ronde.

118. Fer du rabot.

119. Mouchette à grain d'orge.

120. Fer de la mouchette à grain d'orge.

121. Compas à verge. A la tige. B B les pointes.

122. Sergent. A la tige. B le crochet. C le talon. D la couliffe. E le talon à couliffe. F le bout de la tige.

123. Sergent à couliffe à vis. A la vis.

124. Etabli. A le valet. B B la table. C C les piés. D D les traverfes. E E le ratelier. F les outils. G le trou du taffeau. H le taffeau. I le crochet. K le talon.

125. Grande fcie à refendre. A le haut. B le bas.

De la coupe des bois pour les revêtiffemens des voûtes, arriere-vouffures, trompes, tours rondes, &c.

PLANCHE IX.

Arriere-vouffure Saint-Antoine plein ceintre.

Soit fait le plan A B C D E F G H , A D G H font l'épaiffeur des embrafemens , marquez l'arc I L M N O plein ceintre ou anfe de panier, ajoutez l'épaiffeur du bois pris fur le plan A D ou G H, & le portez de M à K , tirez le fecond arc B K F , & divifez la ligne courbe I L M N O en autant de parties que vous voudrez , ou en fix parties égales, comme dans cette *figure*, ces divifions tendantes au centre P touchant au fecond arc , d'où vous tirerez les perpendiculaires traverfant plan & élévation.

Pour avoir les courbes en creux de la profondeur des embrafemens provenant des perpendiculaires ; fuppofons le quart du cercle venant de la ligne M P, portez cette hauteur fur la *fig.* 3. & le point S fera le centre de courbe R T , ligne fuperficielle du mur; ajoutez l'épaiffeur du bois R V T X , & tirez la courbe V X , parement de la menuiferie ; portez enfuite Y *q* de S à 7 & de 7 à V, tirez une diagonale , la divifez en deux , élevez-y une perpendiculaire qui touchera l'horizontale au point 35 , & de ce point comme centre vous tirerez la courbe de 7 à V , fecond vouffoir en parement ; prenez enfuite Z *a* & , & le portez de S à 9 , & fuivant de même pour avoir le centre 10 , ce qui donnera tous les vouffoirs : après avoir marqué vos épaiffeurs & largeurs K V T X du derriere des profils , tirez vos horizontales & perpendiculaires , & de même aux extrêmités qui donneront les courbes ponctuées du plan & élévation 11 & 12 , ces ligne font pour le développement des panneaux.

Pour avoir les gauches de la courbe ceintrée prenez

la

la diftance de S à 13 , & la portez de & à 8 , S à 15 , Y à
14 , S à 16 , de P à 17 , & des points 17 , 14 , 8 B tirez la
courbe , & pour la ligne ponctuée 12 , développement
des panneaux , fuivez le même ordre , & la moitié fera
développée.

Pour les gauches des pieces du bas prenez de 6 à V ,
& le portez fur les perpendiculaires & Y P aux points
30-29-27-36-38 ligne courbe 40-23 fur le plan eft
fenfiblement plus rentrée que la ponctuée II , le panneau n'étant pas de même faillie que la moulure , ajoutez
fon épaiffeur E P qui eft la courbe ponctuée E P , prenez
enfuite la longueur 32-28 & la portez fur le plan à la
perpendiculaire du milieu de la courbe de 23 à 41 & 26-
30 de 41 à 42 , celle de 36-37 de 44 à 45 , celle de 38-
39 eft parallele à 43-44 ; & pour avoir les gauches plus
facilement , fi les divifions font en plus grand nombre ,
tirez les élévations de chaque perpendiculaire comme
celles qui viennent de N O Z q , qui font les ponctuées
32-46 , venant des panneaux des vouffoirs V X-V 7-
V-9 , comme le font voir les ponctuées a-b de la fig.
3. & fuivant le même ordre , prenez les horizontales
touchantes aux courbes ponctuées 46-32 , & les portez
à chaque perpendiculaire parallele à & Y , & tirez les
courbes 41-44 , 42-45 , & par ce moyen vous aurez
les gauches de chaque joint.

Pour avoir la longueur de chaque panneau lorfqu'il
y aura des ronds ou ovales , prenez la longueur de 31-
29 , venant de 26 , & le portez de 43 à 42 , & la longueur de 28 à la perpendiculaire 26 , que vous porterez
de 42 à 24 , & des points 42 tirez les courbes ponctuées
parallele I I-G , prenez enfuite la longueur de la perpendiculaire de l'ovale 26-47 , & la portez fur le plan
de 42 à 48 dehors de l'ovale , & ainfi de fuite 27-28
de même.

P R A T I Q U E.

Pour la courbe ceintrée , elle peut être de plufieurs
pieces , parce que les bois ne deviennent pas fi tranchés;
mais je laiffe cela au génie de l'ouvrier. La ligne diagonale B 17-I L M vous repréfente la largeur de la courbe
pour la moitié & pour la plus forte épaiffeur , ce que
vous repréfentent les maffes T-16 ou X-15 , & ainfi des
autres. Votre piece étant bien préparée fuivant votre
plan , vous trancherez toute la matiere que vous avez
de trop jufqu'à la ligne courbe B-8-14-17 bien d'équerre ; & votre piece étant ainfi , vous tracerez vos autres
lignes courbes B Z q-K , & vous trancherez la matiere
que vous aurez de trop en chanfrein à vive arête , fuivant les panneaux des vouffoirs , depuis la ligne courbe
B-8-14-17 , jufqu'à la ligne courbe B Z q K ; & cela fait ,
vous prendrez avec un compas la largeur de votre chan
& profil que vous porterez fur le chanfrein de votre
courbe , & dudit point vous ajufterez l'outil à pointe
que l'on appelle *trufquin* , & le tirerez le long de votre
courbe par le parement , & du trait que vous aurez ,
vous mettrez votre piece d'équerre qui vous repréfen-
tera pour lors la ligne courbe ponctuée 12 ; & votre
piece fera faite.

On peut marquer la largeur des fufdits chans & profils de point en point provenant des perpendiculaires
& Y qui feront tracés fur la piece & tirés à la main.

Pour ce qui eft des pieces du bas , la longueur de la
grande eft B F , & la plus forte épaiffeur eft fur la maffe
de 6 à R , & la plus foible épaiffeur eft de 2 à R , ou de
24 à P fur le plan de niveau.

Vous tirerez deux diagonales D 24 terminées à celle
de l'angle B C 11 ; & votre matiere étant difpofée fuivant que le plan le requiert , vous appliquerez fur votre
piece le calibre que vous aurez levé parallele à la ligne
courbe D 18 22-24 , & trancherez par-deffous tout le
bois que vous aurez de trop en chanfrein , en fuivant
vos lignes courbes des vouffoirs aux à-plombs de vos
perpendiculaires & Y , jufqu'aux lignes droites ou horizontales D C E. L'ouvrier entendu peut s'épargner
beaucoup de matiere , lorfqu'il n'employera que les lignes horizontales noires 5-3-1 que les gauches , ce qui
fe verra dans la Pl. X. de l'arriere-vouffure furbaiffée.
Cela fait , vous mettrez les fufdites pieces d'équerre ,
comme vous le montrent les maffes marquées aux li-

Nᵒ. 11.

gnes courbes en creux , & étant d'équerre & l'arête de
deffus vous repréfente pour lors la ligne courbe ponctuée 11. Je ne m'expliquerai pas davantage pour trouver leurs équerres ; je dirai feulement qu'on peut fe fervir d'une à l'ordinaire ou par pointe & pour les affemblages & coupes.

Quant à l'ovale , les deux diagonales K F , N O , &
des deux perpendiculaires K F , repréfentent la maffe de
fa longueur & épaiffeur ; il fe peut faire de plufieurs
pieces , fuivant la matiere qu'on aura à employer , &
autant de joints que vous aurez , autant vous tirerez de
lignes perpendiculaires paralleles à celles provenantes
de N O , & à chaque point vous tirerez des lignes
courbes en creux du même ordre de celles de V X ,
V 7-V 9. On peut débillarder chaque piece ou panneau
féparément , ou les coller tous enfemble , fuivant que
les épaiffeurs le requierent.

Pour tracer les deux têtes de l'ovale , on levera deux
calibres , l'un parallele à la ligne courbe 12 , & l'autre à
la ligne courbe 11 , qui feront de la retombée de l'ovale , comme le montre la ligne courbe ponctuée 48 fur
le plan de niveau.

Pour ce qui eft du revêtiffement des panneaux dans
leurs bâtis , ils fe peuvent faire de différentes manieres
en fuivant le même ordre de l'ovale , en les mettant
debout comme ledit ovale , & lorfque l'on aura plufieurs joints , ils feront marqués fur le plan & élévation
parallele aux perpendiculaires & Y P , & où elles tou-
cheront aux lignes courbes , comme le montrent 36-
38-29-30 , & fur le plan à la ligne courbe 23 , D 40 ,
vous tirerez des horizontales comme vous le montrent
33-34-36-37 aux points 36-38 , qui vous repréfentent
les gauches de chaque panneau pour le ceintre du haut.
Les horizontales que vous aurez fur la ligne courbe 23-
D-40 , vous donneront les gauches de chaque joint ; &
pour les pieces du bas je ne les ai pas marquées fur le
plan , parce que je me fuis perfuadé qu'on le peut entendre. (Par ce que je viens de dire ci-deffus , on remarquera feulement qu'à chaque joint on élevera des
lignes courbes en creux paralleles à celles des panneaux
de la *fig.* 3. & du même ordre que le requiert le génie
de l'ouvrier , & par ce moyen vous aurez le développement de chaque panneau.)

*Autre méthode pour le revêtiffement des panneaux à bois
de fil dans leurs bâtis.*

On remarquera que les lignes D E 40-23 P font l'é-
paiffeur du premier panneau , & fa groffeur eft de la
diagonale ponctuée 44-41. Lorfque vous aurez le bois
depuis ladite diagonale jufqu'à la ligne courbe 41-44-E ,
vous hacherez le bois de la fufdite ligne 41-E-44 jufqu'à la ligne courbe 23-D 40 par-deffous en chanfrein ,
& vous remarquerez que de 42-43 & 45 à F eft en chanfrein par-deffous , de même que de F à E & de E à D ,
& ajouterez leurs épaiffeurs à chaque panneau.

P L A N C H E X.

Arriere-vouffure S. Antoine furbaiffée.

Comme il arrive fouvent que les embrafemens ne
font point de la profondeur du demi-diametre , & qu'ils
font furbaiffés autant que ceux qui les ont tracés en
pierre l'ont fouhaité , il arrive donc qu'en les furbaif-
fant par trop , cela leur ôte la grace ; mais lorfqu'ils
font revêtus de menuiferie , les Menuifiers leur donnent
un agrément convenable , en adouciffant la ligne courbe
du milieu ; cependant ils ne le peuvent faire aux autres
lignes courbes de même , ignorant eux-mêmes la né-
ceffité qu'il y a d'en avoir plufieurs lorfqu'ils ignorent
le vrai trait : car quand ils viennent au pofage , ils fe
trouvent embarraffés & paffent un tems confidérable à
hacher la pierre pour recevoir les revêtiffemens , &
tout cela faute de favoir la vraie théorie , qui eft l'uni-
que moyen pour parvenir à plufieurs lignes courbes ;
mais pour éviter tous ces inconvéniens , venons à l'ap-
pareilleur , qui lorfqu'il aura furbaiffé cette ligne courbe
en creux fur fon épure , il peut avec facilité leur donner
toute la grace convenable , en les adouciffant chacune
dans leurs proportions , comme le montre la ligne M ,

B

il levera des calibres à chacun pour tracer ses pierres.

Pour avoir les gauches de la courbe du devant, les menuisiers se contentent de lever la ligne courbe en creux du milieu & de la poser pour fixe, comme le montre la courbe QS parallele à la perpendiculaire C DN ; & avec une regle ou compas, ils tirent la ligne courbe D, du même point D à l'extrêmité E, ce qui se trouve faux ; & par conséquent l'expérience nous fait voir la nécessité qu'il y a de tirer plusieurs lignes courbes en creux ; pour cela faire prenez les hauteurs de F à GF, H, F, I, que vous porterez sur l'élévation des points LMN aux points OPD, & que la susdite ligne soit tirée à la main des points EOPD.

Il est dit dans la Pl. IX. touchant l'exécution des pieces du bas qui posent sur l'imposte & embrasement, que l'ouvrier entendu se peut dispenser de produire les lignes ponctuées provenant du derriere des profils pour l'épargne de ses bois, ce que j'ai fait dans cette *figure*, où l'on voit que les gauches EC ne proviennent que de l'arête des profils, dont la plus forte masse a pour épaisseur de R & I. Ayant donc préparé vos pieces suivant votre plan, & tranché les bois qui étoient de trop, jusqu'à la ligne courbe ponctuée EC, vous prendrez l'épaisseur de A ou B, ou sur les profils QS, que vous porterez sur le dessus de vos pieces, & du point que vous aurez tiré, un trusquin qui vous donnera la ligne droite de l'embrasement E, & la parallele à l'horizontale ELMN, de ces lignes vous trancherez toutes les matieres que vous aurez de trop en chanfrein en creux, suivant vos lignes courbes provenant des perpendiculaires LOMP, NDC à vive arête de la ligne courbe EC ; ensuite vous les mettrez d'équerre. Je ne décris point ici la méthode que l'on doit suivre pour la construction de ces sortes d'arriere-voussures, & pour la pratique de leur exécution pour les bâtis & panneaux, où l'on peut suivre le même ordre de la Pl. IX où il est dit, que si on se trouve embarrassé pour le développement des ronds, ovales, ou panneaux, à cause de la multitude des traits qui se trouvent pour les développer séparément, il faut se servir du quart de cercle, comme il est marqué à la *figure* 9. pour le renfondrement, & l'on suivra le même ordre à ceux qui se trouveront surbaissés. Les trois lignes courbes ABCDEF sont paralleles à la perpendiculaire EG, vous marquerez donc à celle CD un rond ou ovale de la même maniere qu'il est dit à la Planche précédente, & lorsque vous voudrez les préparer pour les mettre en œuvre, vous jugerez de vos bois ; & si vous avez cinq ou six pieces, vous diviserez votre rond ou ovale en autant de parties que vous en aurez, comme il est supposé ici en quatre parties, dont la moitié c'est deux, ce que vous montrent les deux diagonales HIL, qui est le dehors du rond, & vous prendrez de H à I que vous porterez de M à R, & vous tirerez la perpendiculaire ponctuée R traversant le plan & l'élévation, & de suite vous prendrez de I à L que vous porterez de S à V que vous tirerez parallele à R traversant votre plan & élévation, vous observerez que les susdites lignes doivent toucher à la ligne courbe ponctuée E au point (&) Y, & des susdits points vous tirerez les horizontales ponctuées Y Z & X, avec leurs parallels ; 21-22 vous montrent la masse de chaque piece de bois que vous aurez pour la gauche du haut, & pour le bas ce que vous montrent les horizontales VSR avec leurs parallels 23 & 24, & pour les débillarder chacun séparément, vous leverez des calibres suivant les lignes courbes A BIB-26 B, provenant des lignes perpendiculaires ponctuées Y &, & par ces moyens vous verrez les longueurs & grosseurs de chaque piece de bois que vous voudrez employer, & à en ôter certaines difformités qui s'y rencontrent ; à l'égard des panneaux pour le revêtissement d'iceux lorsqu'ils feront debout comme les ronds ou ovales, vous suivrez le même ordre, & lorsqu'ils seront revêtus à bois de travers, & que vous aurez jugé des bois que vous aurez à employer pour la largeur de chacun, vous diviserez votre plan en autant de parties que vous aurez de panneaux, ainsi qu'il est marqué sur la *figure* en trois parties, des points 13-5 ; & des susdits points vous tirerez des paralleles à EG, & horizontales 12, 13, 10, 5, 8,

7 ; & pour avoir le développement de chaque panneau vous prendrez de 6 à 7, que vous porterez de G à M, & de 5, 4 que vous porterez de M à N, & de 12, 13, que vous porterez de N à 25, & de suite vous prendrez de 20-16 que vous porterez de 25 à O, & de 15-19, que vous porterez de O à P, & de 17-18 que vous porterez de P à Q : & pour avoir encore avec plus de facilité le développement desdits panneaux, on voit que les deux lignes courbes E 2 & E 6, proviennent des perpendiculaires 27 P ; ainsi prenez de 7 à 8, que vous porterez de 27 à 28, & de 9-10, que vous porterez de 28 à 29 ; & de 2-3, que vous porterez de 29 à 30, & desdits points vous tirerez vos lignes courbes M, 28, P, N 29, O, & ajouterez vos épaisseurs, comme il est dit Pl. IX. & de même pour leurs exécutions.

<h2 style="text-align:center">PLANCHE XI.</h2>

Fig. 1. Arriere-voussure saint Antoine biaise. Comme les plans se trouvent assez indifféremment d'une même proportion à cause de la difficulté des terreins où il se peut trouver que l'on ait bâti des édifices de même nature, & que le génie de l'architecte auroit produit dans son bâtiment des portes ou croisées biaises formant leurs arriere-voussures, comme celle de saint Antoine, soit plein ceintre ou surbaissée lorsque l'on jugera à propos de les revêtir en menuiserie, on aura soin de prendre le plan & élévation juste, & les profondeurs de chaque côté des embrasemens dans leurs biais & perpendiculairement du fond des portes & croisées, pour savoir si le tailleur de pierre a suivi le vrai trait ; vous ajusterez un calibre sur la douille du milieu, & vous en verrez l'expérience par la pratque ci-après.

Le plan est représenté par ABCDEFGH, & l'épaisseur des embrasemens par AH ou ED ; commencez par élever les deux lignes courbes AH-ED, soit plein ceintre ou anse de panier, puis divisez la ligne AD en autant de parties qu'il vous plaira, tendantes au centre ILM ; & de leurs retombées élevez des perpendiculaires sur la ligne de biais NOPQRAD, puis de suite vous éleverez des paralleles sur l'horizontale GF traversant le plan, & des points NOPQR vous tirerez des paralleles à la ligne de biais touchant au perpendiculaire AD ; & pour avoir vos lignes courbes en creux ou concaves vous prendrez de FY que vous porterez sur la ligne de biais de D à T au point A, & de A à T, vous tirerez l'hipotenuse ou diagonale qui sera divisée en deux parties au point milieu, duquel vous éleverez une perpendiculaire à angle droit tombant à la perpendiculaire A D au point B ; & de B vous poserez une des jambes de votre compas, & de son ouverture vous tirerez la ligne courbe AT, & de suite LX que vous porterez de D à 2, & de la hauteur D vous tirerez l'hipotenuse, laquelle sera divisée en deux parties au point milieu, & vous abaisserez une perpendiculaire à angle droit touchant à la perpendiculaire D au point E, & du point E vous tirerez la ligne courbe 2 D ; je crois que ces deux lignes décrites sont assez suffisantes pour donner à entendre qu'en suivant cet ordre on aura toutes les lignes courbes de chaque voussoir marquées dans cette *figure*, & par ce moyen en aura aussi tous les gauches que l'on desire, à chaque ligne courbe sera augmentée l'épaisseur de votre matiere comme vous le montrent les masses T 3, & ainsi des autres : cela fait vous marquerez la largeur de votre chan & profil, & tirerez vos équerres du derriere de vos épaisseurs ; & d'où elles touchent vous tirerez les petites perpendiculaires ponctuées : cela fait vous tirerez des paralleles à la biaise AD touchant aux lignes courbes, & d'où elles touchent vous éleverez des paralleles à VP, ou NOQR ; ce qui vous donnera tous les gauches de vos pieces courbes ; & pour ceux du bas qui posent sur l'imposte & embrasement, vous prendrez de FG que vous porterez de OO, & I, M, de N-12, & PK que vous

porterez de C T , & K V, que vous porterez de Z
à R , & ainſi des autres lignes courbes ſur leſquel-
les je ne m'étendrai pas davantage , étant le même
ordre de l'arriere-vouſſure de ſaint Antoine des
Planches précédentes , & pour avoir le développement des panneaux dans leur bâti, on ſuivra auſſi
le même ordre pour l'exécution.

2. Arriere-vouſſure ſaint Antoine ſur différens ceintres en plan. La théorie n'étant pas commune parmi les ouvriers , ils ſe trouvent ſouvent embar-
raſſés à quantité de plans différens , où véritable-
ment les ſujétions qui s'y rencontrent , ne laiſſent
pas de leur cauſer beaucoup d'embarras. J'ai (pour
les tirer de peine) fait enforte d'en débrouiller
pluſieurs ſur les plans des différens ceintres en
plans & élévations, en tour ronde & en tour creuſe , comme le montre la *figure* qui ſuit , où l'on
voit les développemens des pieces formant leurs
arcs par-devant ; & ſi le trait, pour les trouver ,
ne vient pas à la connoiſſance , ou pour mieux
dire , à la conception de l'ouvrier, on aura recours
à la Pl. XII. *fig.* 1. ou au trait de la tour ronde ,
Pl. XVI. on ne les peut avoir que lorſque la piece
de devant eſt développée en ſon plan. Pour ce faire
il faut prendre les largeurs des profils horizontalement ; par exemple A B , que vous porterez de C
à H , C D de I à L , E F de M à N ; & de ces points
vous tirerez la ligne courbe H L N O ; on voit
que le point O tend au centre P, formant un angle aigu , d'où vous tirerez la diagonale O H , ſur
laquelle on élevera des perpendiculaires ponctuées,
provenant des dehors de la ligne courbe G I M
aux points Q R H qui ſont pour avoir la courbe
S T V O , & ajouterez le gauche qui eſt la ligne
courbe ponctuée O X , provenant de K A-A C-Y E.
Je n'en dis pas davantage , ayant déjà averti d'avoir
recours à la Pl. XII. *fig.* 1. ou l'on remarquera ſeu-
lement qu'il faut faire deux opérations par rapport
au biais ; mais quant au trait de cette vouſſure pour
avoir les gauches des pieces du haut & du bas par
les lignes courbes des vouſſoirs , ou ſuivra le même
ordre ci - deſſus.

PLANCHE XII.

Fig. 1. Arriere-vouſſure ſaint Antoine ceintrée ſur plan
concave , formant tour ronde par-devant. Ces
ſortes d'arriere-vouſſures ſont propres à des reta-
bles d'autels en forme de baldaquins , à des œuvres
d'égliſes, propres à des dedans de bâtimens , à
des buffets revêtus de menuiſerie ou de marbre.
Ceux qui feront ces ſortes d'arriere-vouſſures,
ſoit en pierre ou charpente , remarqueront que
les lignes eu creux ſont tirées par les méthodes
ordinaires : ainſi on ſuivra le même ordre , Pl. X.
à la ligne courbe M.

Je ne donne ici qu'un abrégé ſuccint pour trouver ſes gauches par le développement étant le
même ordre des arriere-vouſſures précédentes,
ainſi que pour leur exécution ; & à l'égard de l'arc
de l'élévation pour ſon développement, on ſuivra
le même ordre de la tour ronde.

A B C repréſente le plan de niveau concave , la
ligne courbe D eſt le plan formant ſa tour ronde,
D E la largeur des profils dans leur développement,
A B E eſt l'arc inférieur de l'élévation que l'on diviſera en autant de parties que l'on voudra , comme
on le voit en cette *figure* en ſix parties égales,
dont pour la moitié E G H , on élevera les perpendiculaires G H & leurs parallèles ſur l'autre moitié. Pour avoir le développement de la courbe
d'élévation , qui ſont les lignes courbes L M , &
pour avoir la ligne courbe A F B provenant des
profils , vous tirerez les lignes courbes en creux
provenant des perpendiculaires à leurs retombées
de la ligne courbe D , & celle de votre élévation
aux points I C S T Q R ; vous tirerez des horiſon-
tales. Cela fait vous prendrez les longueurs de 17 à
H , de 16 à G , de 15 à E que vous porterez V X Y

PZK , & vous tirerez vos lignes courbes du même
ordre expliqué aux Planches précédentes, d'où vos
points concentriques ſe trouvent ſur l'horiſontale
D V X : & cela fait vous poſerez vos gauches 1-2
de C à 10-34, de Q à 11-56, de R à 12 ; & de ces
points 10-11-12 , vous tirerez la ligne courbe
noire & ponctuée qui ſera la gauche de la traverſe
du bas ; enſuite vous prendrez de Z à 7, Y 8-V O,
que vous porterez à votre élévation à chaque perpendiculaire des points 15-16-17 , qui vous donneront la ligne courbe noire & ponctuée A E B,
qui ſera le gauche ſuperficiel ; & lorſque votre
courbe ſera débillardée (pour avoir le développement des maſſes & des coupes de cette courbe) ,
vous tirerez une diagonale A D , d'où vous éleverez les perpendiculaires ponctuées parallèles à 18
D touchant aux lignes noires qui tendent au centre & ; & ſi l'ordre que j'ai ſuivi ne vient pas à
votre connoiſſance par le trait, comme vous le
montre le plan , vous ſuivrez le même ordre de la
tour ronde , Pl. XVI. & de même pour leur exécution ; & lorſque vous aurez les développemens
de la courbe 19-20, vous ajouterez la ligne courbe
du gauche A E , provenant des gauches 7 K-8 P-O
X , comme vous le montre la ligne courbe ponctuée A 18 , & vous tirerez la diagonale ponctuée
A 18 , avec la ligne courbe 19 , qui vous montre
la maſſe totale , & ſa groſſeur eſt vue par les profils ſur leur largeur ou de D F.

2. Arriere-vouſſure ſaint Antoine en tour ronde par-
dehors , & en tour creuſe par-dedans. Le plan &
le trait de ces ſortes d'arriere-vouſſure eſt ſuppoſé
dans une partie ceintrée dont ſa tour ronde
par-dehors & en creux par-dedans , où l'on doit
ſuivre le même ordre que ci-deſſus.

A B C D E F G montrent le plan total des croiſées. H
C C D montrent les parties inférieures des embraſemens
de pierre ; H C L montrent l'arc de pierre ; A B I H C L
montrent l'élévation en parement de la menuiſerie ; A
M B montrent leurs parallèles en plein & leur à-plomb,
& les lignes courbes ponctuées ; N M montrent la largeur des profils , & celle P montre la gauche de la traverſe du bas. La courbe V Q T S provient des développemens H A I L , & la ligne courbe ponctuée Q R , provient des gauches 1-2 3-4 5-6 , & la maſſe totale eſt de
la diagonale Q R G H , & ſon épaiſſeur eſt ce que vous
montrent les profils.

PLANCHE XIII.

*Arriere-vouſſure de Marſeille biaiſe ceintrée en tour creuſe
en plan.*

Je me ſuis contenté de marquer cette *figure* où on
remarquera qu'il n'y a point d'embraſemens dans le
milieu , c'eſt-à-dire que la ligne du milieu eſt horiſon-
tâle au plan pour les courbes en creux ; il eſt preſque du
demi-diametre , ce qui leur donne plus de grace , mais
il faut convenir que ce ſont les épaiſſeurs de mur qui
leur donnent cette valeur.

Je ne décris point ici la pratique du trait , étant le
même ordre expliqué à la Planche ſuivante : paſſons à
la pratique des biaiſes.

On ne trouvera pas grande différence au trait de cette
Planche à celui des Planches XI. & XIV. *fig.* 1. à la ré-
ſerve néanmoins que les portes ou croiſées ſont ceintrées , ſoit en plein ceintre ou ſurbaiſſé , où il ſera remarqué que la tour creuſe de dedans ſe trouve d'un
point concentrique différent de celui de la tour ronde
par-dehors , ce qui nous cauſe les grands biais ; mais
quant à l'exécution on ſuivra la même pratique énon-
cée aux Pl. XII. & XIV.

A B montre la tour creuſe du plan pour le parement ;
C D montre la tour ronde du dehors des croiſées ; E E
montre l'épaiſſeur des embraſemens , & F F montre la
largeur des traverſes aſſemblées dans ceux I L ; L marque la traverſe du haut en ſon plan ; ſoit droite ou ceintrée dans ſon élévation ; & I marque la traverſe qui
poſe ſur les portes ou croiſées dont l'élévation eſt l'arc
Q R S , provenant des rainures des dormans , comme il

se voit par le profil, & comme le montrent les deux perpendiculaires ponctuées FF: vous éleverez la courbe TMP, dont la longueur TP est parallele à AB, & vous marquerez VX parallele à EFEF; & pour avoir les gauches, vous éleverez les courbes en creux, ayant terminé les deux lignes AB paralleles à celles MN, & vous prendrez la longueur de BD, que vous porterez de O à N, & tirerez l'hipotenufe à la hauteur extérieure de la vouffure au point P, que vous diviferez en deux parties, & vous abaifferez une perpendiculaire qui touche à celle PBO, au point G qui est le centre de la ligne courbe NP: on voit que d'où touchent les perpendiculaires ponctuées à l'arc QRS, aux points Y H tendant au centre N, & à la ligne courbe M aux points 7-6, on doit tirer des paralleles à l'horizontale AB, & prendre la longueur de 10 à 12, que vous porterez de 8 à 9; & à la hauteur du point K provenant du point 6 vous tirerez l'hipotenufe 9-K, & vous abaifferez une perpendiculaire touchant à celle PB au point Z qui est le centre de la courbe 9K: il me paroît que l'ordre de ces deux courbes doit être fuffifant pour avoir les autres lignes courbes, étant néceffaire de faire plufieurs opérations par rapport au biais du plan de ces fortes de vouffures; ayant donc toutes vos lignes courbes par le moyen de vos hipotenufes, & leurs perpendiculaires, vous ajouterez leurs épaiffeurs comme vous montrent les profils, & vous marquerez leurs gauches du même ordre des précédens & de celui ci-après, qui vous donneront les lignes courbes ponctuées M-13, qui feront ajoutées; & lorfque l'on aura le développement des courbes QRS-14 & de celles T7, M6P, vous fuivrez le même ordre qui est expliqué ci-deffus & ci-après comme à la tour ronde par le moyen des diagonales CIDL, & de même pour leurs exécutions.

PLANCHE XIV.

Arriere-vouffure de Marfeille fur l'angle obtus.

Comme il fe trouve des arriere-vouffures de Marfeille fur des élévations différentes, pour les ouvertures des portes & croifées, & qu'il est affez de pratique que la ligne extérieure du haut foit bombée, & que celle qui est repréfentée par cette *figure* est droite, c'est-à-dire parallele à l'horizontale, où il ne faut avoir aucun égard à la conftruction de ces lignes, étant plutôt pour ornement, que pour ufage, il ne s'agit que les portes & croifées trouvent leur ouverture avec facilité; & pour cet effet on fuivra fon même ordre qui est expliqué dans la pratique ci-après, où il fera remarqué feulement qu'il y en a qui n'ont point d'embrafure fous les clés, & que pour avoir le développement des lignes courbes concaves, il faudra élever un calibre fur la douille tombant à la retombée de l'arc à l'angle pofitif D fuivant fon embrafure au point C que vous repréfente la ligne courbe 16-28. Le pere Derent nous fixe pour centre de cette ligne de demi-diametre, où il l'a furbaiffé autant que fa douille le permet; mais il est quelquefois difficile à caufe des épaiffeurs des murs qui ont moins d'épaiffeur les uns que les autres fuivant le ménagement des terreins; d'ailleurs fi l'on veut de l'abajour dans le milieu, c'est ce qui caufe cette difficulté, & pour-lors le tailleur de pierre fuivra l'ordre de la fufdite ligne courbe 16-28, & de même le menuifier.

Pour parvenir à la pratique du trait vous marquerez le plan ABCD, & vous ajouterez l'épaiffeur des embrafemens A 24-E 23, & à la largeur des chans & profils de RA, que vous éleverez paralleles à AE & AB fu le plan de niveau & d'élévation, comme vous le montrent les profils ARB. Cela fait vous éleverez l'arc AM D, foit plein ceintre ou anfe de panier, que vous diviferez en autant de parties qu'il vous plaira, égales ou non; les divifions tendantes au centre N des points G HPQ, & des fufdites divifions vous éleverez des perpendiculaires traverfant votre plan & élévation: cela fait, vous marquerez la hauteur de votre élévation de N à 22, & vous tirerez une parallele à l'horizontale A D ou bombée; cette hauteur fera levée fur la douille; levez par un calibre dont vous prendrez la longueur de AB ou CD, que vous porterez fur l'horizontale AD

de 16 à V, d'où vous éleverez une perpendiculaire parallele à MN, & vous marquerez pour-lors votre ligne courbe 16-28 du centre 26; enfuite vous ajouterez les épaiffeurs de votre matiere & vous tirerez une parallele de 16-28, qui est la ligne courbe X; cela fait, vous prendrez de R à 42, que vous porterez fur l'horizontale AD de X à S, d'où vous tirerez l'hipotenufe ou diagonale; au milieu d'icelle vous abaifferez une perpendiculaire à angle droit, qui vous donnera le centre Z, & vous tirerez votre ligne courbe ponctuée S 39, & par ce moyen vous aurez le gauche de votre piece qui pofe fur l'embrafement. Et pour avoir les gauches de votre piece du haut & de l'arc vous marquerez vos lignes courbes en creux, & vous prendrez de I à 29, que vous porterez de la perpendiculaire M à O, & de celle P à Y comme de Q à K; & de ces points OYK vous tirerez leur hipotenufe aux points MPQ, & vous fuivrez le même ordre de la premiere qui vous donneront les centres L-17 & 18, & vous tirerez de même vos lignes courbes MPQ, & enfuite pour avoir les gauches de la courbe de la piece du haut, vous marquerez la largeur de vos chans & profils, & vous tirerez des perpendiculaires & horizontales du même ordre qu'il est porté à la Planche précédente, & comme le montrent les profils, vous prendrez de 2 à 19, que vous porterez de M à 9, 4 & 20 de H à 10 7, & 21 de G à 11; des points 9-10-11, vous tirerez votre ligne courbe; & pour avoir fon gauche fur le point de niveau vous prendrez de M à 2, que vous porterez de 29 à 31 P, 4 de 32 à N Q 7, de 33 à 34; vous prendrez de fuite fur vos horizontales MPQ de O à 3, que vous porterez de 13 à 14, Y 35, de 30 à 12, & de K 35 que vous porterez de 25 à 27, & des points 27-12-14, vous tirerez la ligne courbe à la main ou avec une regle; & pour avoir la ligne courbe ponctuée 15, vous prendrez des horizontales ponctuées provenant de l'arête des profils: l'utilité de cette ligne est pour avoir le développement des panneaux dont il fera parlé dans la fuite; vous remarquerez que la perpendiculaire 42-25 croife la ligne RG au point 37; c'est la naiffance de la coupe des deux pieces qui terminent à l'angle au point A.

Pour entrer en pratique de l'exécution, la piece courbe qui pofe fur les croifées ou portes peut fe faire de plufieurs pieces; la ligne diagonale ponctuée A M repréfente la largeur de la moitié jufqu'au point II; ayant tranché le bois bien d'équerre jufqu'aux points AGHM; fa largeur & épaiffeur font repréfentées par la maffe marquée 19-2-14-38, comme il fe voit par les profils. Votre piece étant ainfi difpofée, vous prendrez avec un compas l'épaiffeur de vos profils du point M à 38, que vous porterez fous l'équerre de votre piece; & du point que vous aurez marqué, que vous repréfente le point M, vous tirerez une ligne avec le trufquin le long de votre piece; enfuite vous tracerez fur la face de votre piece votre calibre de la ligne courbe 9-10-11 avec le compas, & de ces points 9-10-11, vous trancherez tout le bois en chanfrein que vous aurez de trop pour la largeur à quelques endroits, & la mettrez de largeur fuivant que les profils le requierent, & vous aurez foin de marquer fur le chanfrein de votre piece les perpendiculaires GHM que vous aurez repairé avant que de trancher votre bois.

A l'égard de la piece du haut, la ligne diagonale 27-12-14, & la ligne horizontale 22-23-28 repréfentent l'épaiffeur de la matiere; ayant fait un calibre fur la ligne courbe 27-12-14, vous le poferez fur la piece pour la tracer; & lorfqu'elle fera tracée, vous trancherez tout le bois que vous aurez de trop de la ligne diagonale jufqu'aux points 27-12-14. Cela fait, vous prendrez avec un compas la longueur de l'horizontale 3-35 ou 36, que vous porterez fur le parement de votre piece du point 13 en diagonale fur l'équerre & le pointerez; & dudit point vous ajufterez le trufquin, que vous tirerez le long de votre piece par le parement, & pour-lors vous trancherez tout le bois en chanfrein jufqu'à la ligne EK, & votre piece fera débillardée. Pour la mettre de largeur vous fuivrez le même ordre qui est expliqué à la courbe ceintrée: je ne dis rien de leur équerre, parce qu'on peut fe fervir

d'une

d'une à l'ordinaire ; je laiffe cela à la volonté de l'ouvrier ; pour ce qui eft des pieces qui pofent fur les embrafemens , la diagonale X-39 & le point 40 vous repréfentent la groffeur de votre piece , & fa longueur eft 16-28 ; vous trancherez le bois depuis la diagonale jufqu'à la ligne courbe noire X-39 ; enfuite vous prendrez l'épaiffeur de l'embrafement E-23 ou A-24, & tirerez le trufquin le long de la piece fur fon parement en creux ; & cela fait vous prendrez la diftance de S à X que vous porterez fur le pié de votre courbe , & du point S-39 vous tracerez votre ligne courbe ponctuée , & trancherez en chanfrein tout le bois depuis la ligne du trufquin jufqu'à la ligne courbe 39. Pour-lors votre piece fe trouvera débillardée. On voit que la ligne courbe ponctuée D 40-28 eft fon épaiffeur, on la mettra d'équerre, comme il eft expliqué aux autres pieces : à l'égard de la coupe 37-A, elle fe peut faire devant ou après le débillardement, cela dépend de la volonté de l'ouvrier : à l'égard des affemblages, ils fe voyent par les *figures* 3. & 4. La piece A eft parallele à celle 9-10-11 A G H M, la piece B eft parallele à celle E-23-24-A , elles fe peuvent affembler comme il eft marqué Planche XIII. & XIV. *fig.* 1. On peut fe difpenfer de marquer la *fig.* 2. pour les gauches des panneaux à bois debout ; je ne l'ai marquée que pour donner une plus parfaite connoiffance pour y parvenir, auffi bien qu'aux longueurs & développemens de chaque panneau. La ligne courbe A B C D eft parallele à celle de l'élévation qui eft la ligne ponctuée 15. Les lignes courbes A B C D E F G font paralleles aux lignes courbes ponctuées que l'on voit rentrées plus en-dedans que celles des points M Q P fur le plan d'élévation.

Pour commencer, vous devez juger de vos matieres & faire autant de joints que vous voudrez, & à chaque joint vous tirerez des perpendiculaires & lignes courbes comme le montrent les points A B C D , & en même tems vous terminerez la longueur de chaque joint pris fur ceux des élévations que vous porterez de D à G, de C à F, de B à E, & de A à E que vous porterez *idem* à la *fig.* 7. de 1 à 2, de 3 à 2, de 4 à 5, de 6 à 7 ; & des fufdits points vous tirerez les lignes courbes 1-3-4-6, qui feront les arrafemens de chaque panneau, & vous augmenterez vos languettes, comme le montrent les lignes 8-9-10, par ces moyens vous aurez les développemens de vos panneaux.

L'ouvrier doit entendre qu'ayant terminé fes épaiffeurs comme le montrent les maffes B C D , il pofera fur fon calibre de cette forte, comme celui de D G que l'on pofera fur le côté 6-7 , & C F qui fera tracé fur le côté 4-5 qui fervira pour deux joints , & on fuivra le même ordre aux autres panneaux 2 ; & vos pieces étant ainfi débillardées , elles deviendront femblables à la *fig.* 5.

Autre pour faire les panneaux de ces arriere-vouffures à bois de fil en longueur.

Il fera marqué les lignes courbes en élévation à la *fig.* 6. 1-2-3 , paralleles à celles en creux M P R , & on ajoutera les chans & profils comme on les voit marqués fur les maffes. On voit auffi que les panneaux font plus rentrés en-dedans que les lignes courbes 1-2 ; l'ouvrier peut difpofer fon bois par cette méthode , il peut faire autant de joints qu'il voudra, comme dans cette *figure* qui eft à deux joints qui font trois panneaux fur les lignes horizontales qui touchent à l'extrémité des panneaux en parement, & on elevera des perpendiculaires en tombant feulement aux points 5-6-9-10 ; & les points 4-5-6-7-10-11-8-12-9-13 font les gauches de chaque panneau , & leur développement comme on les voit marqués à la ligne ponctuée M , O , fur le plan de niveau , comme le montre la *fig.* 7. par les horizontales ponctuées : or comme le bois fe trouve plus fort du côté de la grande courbe que de l'autre bout, on peut les refendre en biais comme des marches d'efcalier en chanfrein : cela va à la prudence de l'ouvrier.

PLANCHE XV.

Fig. 1. Arriere-vouffure de Marfeille bombée fur portes N°. 11.

& croifées ceintrées & furbaiffées par en-haut.

Je n'ai pas trouvé à propos de décrire au long une de ces fortes d'arriere-vouffures ou plafonds tombant fur un angle obtus, bombées fur les portes ou croifées & fur le devant en paremens en creux dans leur renfondrement, les traverfes font affemblées de leur largeur dans les grandes courbes. Je ne décrirai donc point ici la pratique du trait tout au long ; je ne fais feulement qu'un abrégé fuccint où l'on pourra fuivre le même ordre des précédentes , & de même pour toutes fortes de plafonds où les embrafemens font ceintrés en creux, comme auffi pour les revêtiffemens des panneaux dans leurs bâtis ; & s'ils font ornés de ronds ou ovales, on peut fuivre le même ordre des arriere-vouffures de Saint-Antoine. Pour paffer à la conftruction , on voit que la ligne courbe A B N eft celle qui pofe fur le dormant des croifées ou impoftes ; & celles C D E F font celles de la courbe du haut de la vouffure ou plafond, paralleles à l'horizontale G H , & celles D I E eft la ligne courbe du gauche du provenant des points 1-2-3-4-5-6 ; la ligne courbe O P provient de la hauteur des perpendiculaires ponctuées T V K , & le gauche ponctué 7-8 fur le plan de niveau, provient des perpendiculaires noires de N R S X T , & la ligne noire Y provient des perpendiculaires ponctuées N V L K X T ; cette ligne ne paroît que lorfque la piece eft d'équerre. On voit que les lignes courbes ceintrées en creux proviennent des perpendiculaires N L , la ligne courbe X 2 eft parallele à 8-H , & la ligne courbe Z 9 eft parallele à B M.

Fig. 2. Plafonds de croifées ou portes avec embrafures droites ou fans embrafures au milieu.

Ces fortes de plafonds font affez communs dans les bâtimens & autres lieux, c'eft-à-dire comme des arcades d'Eglife où l'on ôte leurs ogives pour donner plus de grace aux arcs, à des autels ou à des œuvres , leur donnant leur plein ceintre ou furbaiffé.

Sera fait le plan A B E F , & vous ajouterez l'épaiffeur de vos embrafemens A G E I F L H B , & vous terminerez les largeurs de vos chans & profils , comme de G P I N L S H R ; & pour avoir les gauches de votre courbe, vous terminerez vos arcs 19-4 provenant des points I L (on voit que les lignes courbes X I proviennent des tableaux) , & vous éleverez des perpendiculaires jufqu'à l'horizontale 2 V provenant des points L M S R Q H , & où elles touchent aux points 4-5-6-7, vous éleverez vos lignes courbes jufqu'à l'extrémité du point T , enfuite vous éleverez votre ligne courbe 2-3 provenant de B, qui fera l'épaiffeur de vos bois qui fera donnée à chaque ligne courbe , & par ce moyen vous aurez tous les gauches des courbes pour les plafonds fans embrafure au milieu, & ceux où il y aura de l'embrafure , vous les prendrez jufte fur la place que vous marquerez fur votre plan , comme le montre Z-8-9. Vous éleverez des perpendiculaires du même ordre ci-deffus jufqu'aux points 16-17-18-19 , & vous prendrez de Z à C que vous porterez de 12 à 15 , & vous tirerez la ligne courbe 15-16 provenant de G ; enfuite vous prendrez de Z à 10 que vous porterez de 15 à 14 , & vous tirerez la ligne courbe 17-14 provenant de O ; puis vous prendrez de 8 à 9 que vous porterez de 12 à 13 , & vous tirerez la ligne courbe 13-19 , & de fuite vous tirerez celle V D provenant de A qui fera l'épaiffeur de votre premiere courbe , & vous ajouterez à toutes les lignes courbes les épaiffeurs de la même façon, & par ce moyen vous aurez tous les gauches de vos courbes ; & lorfque vous aurez marqué vos épaiffeurs à chaque ligne courbe , vous préparerez vos bois comme vos élévations le requierent , & vous trancherez le bois que vous aurez de trop de 12 à 13, de 19 à 18 , de 14 à 15 , de 17 à 16 , & pour lors vous aurez le débillardement de vos courbes. A l'égard de ceux où il n'y a point d'embrafure, vous trancherez de 4 à 5 , de 6 à 7 , en venant à rien aux points T. Je laiffe le refte à la conduite de l'ouvrier.

PLANCHE XVI.

Tour ronde.

Il eft affez ordinaire aux Menuifiers dans la pratique

de ces sortes de tours rondes qu'ils appellent communément *ceintre sur le plan & élévation* , de ne se servir de la regle ou trusquin, que lorsque leur piece est préparée & ceintrée sur l'élévation , & de rouler ces sortes d'outils à pointes sur des calibres pour les ceintrer en plan. Quelquefois ils se servent d'autres trusquins avec une pointe ; d'autres font une boîte d'assemblage pour exécuter ces sortes d'ouvrages. Ce n'est pas que je veuille blâmer ces sortes de méthodes ; mais comme il me paroît y avoir un peu trop d'embarras, j'ai jugé à propos d'en donner une plus facile à comprendre.

Pour y parvenir, tirez deux lignes, l'une horizontale, & l'autre perpendiculaire A B C D, marquez ensuite votre plan de niveau E F G H, & vous remarquerez que ces deux points E G ou F H est l'épaisseur terminée pour des corniches ou archivoltes, dont les points E G F H font la longueur du plan terminé tombant au centre 2. Cela fait, vous terminerez la largeur de votre profil E à I, ou de F à L, ensuite vous tirerez votre ligne courbe d'élévation de M à N, & vous diviserez cette ligne en autant de parties que vous voudrez , & le plus également que vous pourrez. Celle-ci étant divisée en quatre parties des points marqués N O P Q, vous éleverez des perpendiculaires O P Q traversans votre horizontale, & qu'elle touche à la ligne courbe du plan E I L F aux points marqués R S T, & vous tirerez des lignes tendantes au centre 2, qui traverseront l'épaisseur de votre bois seulement, & qu'elle touche à la ligne courbe G H aux points marqués K X Y, & de ces points vous tirerez des perpendiculaires qui font les lignes ponctuées, puis vous prendrez la hauteur de la perpendiculaire Z O de dessus l'horizontale A B que vous porterez sur la perpendiculaire ponctuée de & à 3, & du point 3 vous tirerez une ligne parallele à l'horizontale, & pour les autres de même, du point P à 4 & de Q à 5 ; & de ces points 5 4 3 N vous éleverez votre ligne courbe qui est le premier gauche de la tour ronde, puis vous tirerez votre ligne courbe A C parallele à celle de E 5 4 3 N, & vous tirerez l'autre ligne courbe C 6 parallele à celle M Q P O N. L'élévation dont on vient de faire l'opération, vous enseigne le développement de ladite tour ronde ; mais pour la préparation de votre piece qui est la moitié de la tour ronde , vous tirerez une ligne diagonale de G à 7, & du point 7 vous éleverez une perpendiculaire 7-8-17 coupant à angle droit, & des points 9-10-11 vous éleverez des perpendiculaires paralleles à celles 7-8-17 ; ensuite vous prendrez sur votre élévation la hauteur de la perpendiculaire du milieu du point 12 au point N, que vous porterez sur votre plan du point 7 au point 8, & pour les autres de même de 3 à & que vous porterez de 9 à 13 & de 4 à 14, que vous porterez de 10 à 15 & de 5 à 16 que vous porterez de 11 à V, & de ces points V-14-13-8 vous tirerez la ligne courbe, & vous ajouterez la largeur de votre profil du point N à C que vous porterez de 8 à 17 ; ainsi vous tirerez votre ligne courbe du point 17 à C parallele à celle 8-20, & par ce moyen vos plans seront parfaits.

La ligne diagonale ponctuée marquée 8-20 & celle 18-19 vous représente la masse ou largeur de votre bois, l'ouvrier doit observer, qu'il n'a besoin de bois que des points marqués 17-18-19-G-20-8. Pour son épaisseur ce font les deux lignes ponctuées E 21-22-23 : si l'on ne veut pas mettre les grosseurs de toute la masse, on peut coller selon que les plans le montrent. Il sera donc levé un calibre selon les lignes courbes 20-8 , & l'autre ligne G-17, où l'ouvrier aura soin de marquer les perpendiculaires V-15-13, pour les remarquer sur la masse , comme le montre la *fig*. 2. où font marquées les perpendiculaires expliquées au calibre lorsqu'il est sur son plan : la ligne marquée A B de ladite *figure* est celle de la coupe tirée sur le plan de biais marquée au point G-20, qu'il faut couper bien quarrément, dont le joint est représenté à la *fig*. 3. marquée A. Il faut donc retourner ces perpendiculaires sur les côtés de ladite piece, comme vous le montre la *fig*. 3. qui font les lignes marquées A B C D E, pour avoir les lignes ponctuées F H comme les autres ; si le plan en donne de pareilles, vous prendrez une fausse équerre,

dont vous poserez une des jambes le long de la ligne ponctuée E 21 sur le plan de niveau , & ouvrir l'autre jambe le long de la perpendiculaire C D , que vous porterez à votre *fig*. 3. du point F au point G, & ainsi pour les autres de même.

Il est question de savoir à quoi font utiles ces lignes diagonales H G F, elles font parallèles à celles du plan de niveau, qui traversent la ligne marquée au point 21, 7-T Y S X : R K I.

Remarquez que la ligne courbe ponctuée à la *fig*. 3. est parallele à celle du dehors du plan 7 G, & faites attention que le point G à ladite ligne ponctuée de la *fig*. 3. est l'épaisseur de votre piece terminée, & que ledit point est l'endroit où l'on doit poser la fausse équerre comme je viens de l'expliquer ci-dessus, qui vous donne lesdites lignes diagonales.

Cela fait, vous poserez votre calibre pour tracer vos lignes courbes, & vous trancherez tout le bois que vous aurez de trop , tant en-dedans qu'en-dehors , & pourlors votre piece se trouvera comme la *fig*. 6. & vous retrouverez toutes vos lignes , comme vous le montre ladite *figure*. Faites encore attention qu'on peut se dispenser de marquer les lignes de la *fig*. 3. qui font représentées sur le chan étant marquées sur le calibre ; je ne les ai marquées ici que comme si la piece étoit en plein pour en donner la preuve, & faire connoître qu'il sera nécessaire de les retourner, lorsque votre piece sera parallele à la *fig*. 6. qui font les lignes 1-2-3-4-5-6, parce que l'utilité de cesdites lignes sert pour tirer les lignes courbes formant leur tour ronde avec leur épaisseur, comme il va être expliqué.

Pour tirer les lignes courbes du plan formant sa tour ronde, comme il peut être vrai que la piece ne soit point en masse comme vous le montre le plan par les lignes ponctuées E 21-22-23 ; on coupera les deux bouts bien d'à-plomb & d'équerre, qui font les lignes A B C D que vous montre la *fig*. 5. ensuite vos poserez votre calibre d'élévation sur lesdites coupes A B C D, comme vous le montre la *fig*. 4. au point E F où font marquées vos perpendiculaires, comme il est expliqué, qui font les lignes I L M N G H, vous prendrez sur votre plan de niveau à la ligne ponctuée E 21, avec un compas du point 24 au point T que vous porterez à la ligne I I. de la *fig*. 4. & du point 25 au point S que vous porterez de M à N, toujours de la *fig*. 4. & du point 26 au point R, que vous porterez de G à H. Remarquez qu'il faut porter toutes les longueurs des susdites lignes dessus & dessous desdits points L M H. De la *fig*. 4. ou des points du plan de niveau R S T vous tirerez une ligne courbe à la main dessus & dessous , & vous trancherez tout le bois que vous aurez de trop , & pour-lors vous aurez E I R S T 21. Pour avoir les épaisseurs de votre piece, vous suivrez le même ordre de 21 à 7, de T Y, & ainsi des autres, & pour-lors votre piece sera terminée.

PLANCHE XVII.

Courbes rampantes sur plans réguliers ou irréguliers.

J'ai remarqué dans le traité de la courbe rampante de quelques auteurs, qui disent que l'on peut faire toutes fortes de plans, tant réguliers qu'irréguliers , ils enseignent par leurs principes, que les lignes des gauches ou échiffres qui croisent, doivent partir de l'extrêmité du dedans de la courbe rampante ; mais ayant fait la preuve de leur opération, j'ai remarqué (sur plusieurs plans irréguliers, tels que celui-ci qui est demi-ovale) qu'ils se font trompés, & que la courbe se trouve estropiée dans son flanc : il faut que les susdites lignes soient prolongées plus que de l'extrêmité du dedans & du dehors. Ce qui cause cette difficulté, font les têtes de l'ovale, qui font plus concaves que les flancs, ceux qui en feront en grand ou en petit traceront leurs marches sur la courbe débillardée seulement, ils en verront la vérité, & l'expérience la leur fera mieux voir que la plume ne le peut expliquer, ni le trait le faire connoître. Je vous avertis aussi que lorsque les escaliers ne feront que de six ou sept marches, il faudra en ajouter une au contre-bas ; & lorsque le nombre en sera plus grand, ou en ajoutera deux par rapport au colimaçon & pilaſtre qui ſe trouvent les porter au bas de l'eſcalier.

Je vous avertis encore, quant à la diviſion de vos marches ſur le plan de niveau, que les piliers ou jours des eſcaliers ſe trouvent ovales ou barlongs; l'on diviſera les deux lignes courbes inférieures en deux parties égales de I à D. Or cette ligne du milieu étant parallele aux deux autres, ce ſera cette ligne qu'il faudra diviſer, étant le milieu du giron des marches, ce qui eſt expliqué ci-après Pl. XVIII.

Pour entrer en pratique, ſera tirée une ligne horizontale A B, puis vous éleverez une perpendiculaire C D, coupant à angle droit, & vous diſpoſerez la groſſeur de votre pilier, ſoit en quarré rond ou ovale, comme le préſente la maſſe ſur le plan de terre marqué E, ou noyau ſuppoſé pour recevoir les marches; enſuite vous diſpoſerez votre plan qui eſt la ligne courbe G H: vous ajouterez enſuite l'épaiſſeur de votre bois s'il s'agit de menuiſerie. Vous obſerverez le même ordre pour la charpente & pour la pierre, & vous marquerez pour l'épaiſſeur L G ou H N, qui ſera parallele à la ligne courbe G H, & vous diviſerez l'une des deux lignes courbes en autant de parties que vous voudrez, & ce ſera le nombre de vos marches, comme vous le voyez par cette *figure* diviſée en ſix parties égales marquées au point H R q I P O G, tendantes au centre marqué E. Cela fait vous jugerez des hauteurs de chaque marche comme vous le repréſente l'élévation marquée des points 1-2-3-4-5-6, que vous tirerez parallele à l'horizontale A B: vous éleverez enſuite la ligne rampante de la premiere marche à la ſixieme, du point S au point T; & des perpendiculaires paralleles à celle C D du dedans de vos marches des points G O P I Q R H, & celles des dehors L 18 V X M Y Z N touchant à l'horizontale A B juſqu'à la ligne rampante 7-14; & d'où elles touchent vous éleverez des perpendiculaires paralleles à celle C 16-29, puis vous prendrez avec un compas ſur le plan de niveau de D à I, que vous porterez ſur la diagonale du point C à 16, & pour l'épaiſſeur de votre bois vous prendrez la longueur de D à M, que vous porterez du point C à 29, & ainſi des autres, comme de L à 18, que vous porterez de 7 à 19, enſuite de C à V que vous porterez de & à 21, 22 O que vous porterez de 8 à 23, & de 25 à X que vous porterez de 9 à 26, & de 25 à P, que vous porterez de 10 à 38, & ainſi des autres qui ſe trouveront pour-lors paralleles entr'elles: par ces points S-23-38-16 T vous aurez votre ligne courbe du dedans; & des points 7-19-21-26-29 & 14, vous aurez votre ligne courbe du dehors, qui termineront votre calibre.

Pour avoir la coupe de ladite courbe, vous tirerez une diagonale de S à 19, *idem* de T à 28 qui ſe trouvent paralleles à celles du plan de G à 18, ou à celles H-15: & pour avoir les gauches de votre courbe, vous les prendrez de marche en marche, c'eſt-à-dire d'angle en angle, comme vous le montrent les lignes courbes ponctuées qui croiſent, à commencer par la ligne du dedans du point T aux points 30-31-32-33-34 & 35, & pour les gauches du dehors à commencer du point 46 aux points 36-37-32-9 & S; ainſi le tout ſe trouve terminé.

A l'égard des figures irrégulieres comme celle-ci, demi-ovale, vous tirerez une parallele à celle 7-14, vous ferez une ſeconde diviſion pour l'élévation de vos marches (comme il eſt d'uſage que l'on ne donne que ſix pouces de hauteur de chaque marche). A la premiere vous n'en donnerez que quatre & demi; qu'elle ſoit plus haute ou plus baſſe, vous ſuivrez toujours la même proportion. Enſuite vous diviſerez le reſte en cinq parties égales, comme vous le montrent 44-43-42-41-40-46; & d'angle en angle vous marquerez vos échiffres du dedans & du dehors qui ſeront gracieuſes & ſans jarrets. Cela fait, vous marquerez l'élévation de vos marches ſur votre échiffre, comme vous le montrent les points 47-56-57-58-59-60-61 & 53. L'on voit que les perpendiculaires des ſuſdits points ne tombent plus à-plomb de celle des élévations; ce qui cauſe cette erreur, c'eſt la partie que nous avons empruntée ſur la premiere marche: ainſi on ſuivra toujours le même ordre à ceux où il y aura un plus grand nombre de marches. Cette méthode que je viens de décrire eſt très-utile aux Tailleurs de pierre & aux Charpentiers.

Quant aux Menuiſiers, qui font ordinairement les rampes des chaires de prédicateur, ils ſuivront le même ordre décrit ci-deſſus, pour avoir l'échiffre, dans laquelle ſont aſſemblées les marches, vous marquerez la largeur totale de votre rampe comme de 44 à 47-43 à 48-42 à 49-41 à 50, ainſi des autres; & des points 47-48-49-50-51-52-53, vous marquerez votre ligne de gauche qui eſt celle du dehors: l'on ſuivra le même ordre à celle du dedans, qui ſera la ligne ſur laquelle on marquera l'élévation des ſuſdites marches. Cela fait, vous releverez ladite échiffre comme le montrent les deux lignes ponctuées 54 & 55, la raiſon eſt qu'il faut que la rampe ſoit plus large à la perpendiculaire du milieu qu'aux reſtes de l'ovale, rapport au membre d'architecture & élévation des panneaux: je laiſſe le tout au génie de l'ouvrier.

Avant que d'entrer en pratique de l'exécution, il eſt bon de faire attention à la longueur totale de la courbe rampante; lorſque l'on aura terminé la largeur du profil de ladite courbe, on la marquera horizontalement ſur l'élévation, on peut mieux le donner à entendre; ſuppoſons qu'elle a de la largeur depuis la perpendiculaire 47 juſqu'au point 12 horizontalement; par conſéquent ladite rampe ſera plus longue de 12 à 47 qu'elle n'eſt marquée ſur le panneau de 7 à 14, comme il ſe voit par la *fig.* 3. Pl. XVII. Pour entrer en pratique vous leverez un calibre ſur votre courbe d'élévation, où vous marquerez toutes les perpendiculaires, tant du dehors que du dedans, qui tombent à angles droits ſur la ligne rampante. Remarquez que pour le débillardement de la courbe rampante, il faut poſer une fauſſe équerre le long de la ligne perpendiculaire N 14, & du point 14 fermer l'autre jambe le long de la diagonale qui vous montre un angle aigu que vous porterez ſur le plat de votre piece, comme vous repréſente la *fig.* 3. dont les deux horizontales 1-2-3-4 repréſentent les paralleles N 14, & les diagonales 1-4-2-3, repréſentent les paralleles des rampantes 7-14, & vous poſerez votre calibre aux extrêmités 1-2-3-4, qui ſera le deſſus & le deſſous de votre piece, & vous tracerez vos lignes courbes, tant du dedans que du dehors, & vous trancherez tout le bois que vous aurez de trop; & pour-lors votre courbe deviendra ſemblable à la *fig.* 2. Cela fait, vous éleverez ſur votre bois débillardé les perpendiculaires tant du dehors que du dedans, comme vous le montre la *fig.* 2. marquée au point H G F E D C: on obſervera que la ligne courbe de la *fig.* 2. marquée au point C H, repréſente l'arête ou ſuperficie du bois.

Pour avoir les gauches ou équerres de votre courbe débillardée, vous prendrez les hauteurs des points 35 à S, 34 à 8, 33 à 10, 32 à C, 31 à 11, 30 à 13, que vous porterez aux lignes perpendiculaires marquées ſur votre piece de la ſuperficie de votre courbe parallele à la ligne rampante 7-14, qui ſera le gauche du dedans, & pour ceux du dehors vous prendrez de 39 à 7, de 35 à &, & de 9 à l'horizontale 33, de 32 à C, de 37 à 12, de 36 à l'horizontale 46, & de 46 à 14; & de tous les points que vous aurez vous marquerez à la main vos lignes courbes qui croiſent, & vous trancherez tout le bois juſqu'à la ſuſdite ligne, & pour-lors votre piece ſera terminée pour les figures régulieres, c'eſt-à-dire, demi ou quart de cercle.

Quant aux figures irrégulieres, pour tracer les ſuſdites gauches, vous prendrez de K à 44, que vous porterez à la perpendiculaire N 14 pour le dehors: enſuite vous prendrez de 43 à 45, que vous porterez à la ſeconde ligne du dehors 36 Z, puis vous prendrez de F à 28, que vous porterez à la ſeconde perpendiculaire du dedans 13 R (on voit que c'eſt le même ordre de ci-deſſus), & vous trancherez tout le bois de trop; par ce moyen votre rampe deviendra parfaite, *égale de largeur & ſans jarret dans le flanc.*

PLANCHE XVIII.

Plafond de rampes des eſcaliers pour recouvrement du deſſous des marches.

On voit deux courbes différentes repréſentées par

cette figure A B. Il est facile au lecteur de voir que cette courbe marquée A provient de la courbe du plan marqué E 8, qui est celle qui entre dans la grande courbe où sont assemblées les marches, & celle marquée B provient de la courbe du plan marqué D F, qui est celle qui recouvre sur le limon; le diametre M N est la grosseur du pilier superficiellement, & la ligne courbe marquée O est superficiellement le dedans du limon de la courbe rampante qui reçoit les marches; on ne peut disposer le plan de terre qu'on n'ait terminé le plan de la rampe, comme je l'ai cité ci-dessus en suivant le même ordre de la courbe rampante : l'ouvrier peut se dispenser de tirer les perpendiculaires & horizontales à travers des plans & élévations, ou il peut faire seulement des repaires aux lignes courbes & aux diagonales. On remarquera que les deux lignes courbes marquées E F sont les profondeurs des assemblages marqués par les profils 1-2, & de ces lignes qui terminent le dehors des marches, on élevera les lignes perpendiculaires jusqu'aux lignes diagonales de l'élévation G H I L : cela fait, de la ligne E F vous ajouterez vos largeurs de profil E 8-F D, comme vous le montrent les points 1-2, qui sont les lignes du dedans des marches marquées 8, d'où vous éleverez les lignes perpendiculaires jusqu'aux lignes d'élévation G H I L paralleles à celles des dehors, les quatre lignes mixtes 3-4 5-6 sont les gauches des courbes, P Q R S sont les arrasemens des panneaux. Je ne parle point de la maniere dont on doit trouver les lignes obliques ou diagonales avec leurs gauches, d'autant qu'il est énoncé dans la pratique de la courbe rampante qu'elles proviennent de marche en marche, voilà en peu de mots en quoi consiste le revêtissement des marches.

PLANCHE XIX.

Rampes d'escalier sur plan ovale & autres plafonds.

Par cette pratique nous retrouvons la même erreur dont nous avons parlé à la Planche précédente, courbe rampante sur plans irréguliers au sujet de l'échiffre ou gauche, comme le montrent les lignes ponctuées 24-25, ce qui nous montre qu'il ne faut pas s'arrêter aux hauteurs précises des marches, bien qu'elles nous y conduisent toujours pour avoir ces sortes de lignes, & à nous d'y conduire la main à l'œuvre.

Pour entrer en pratique, sera fait le plan de votre escalier A B C D E F G H, rond ou ovale, comme vous le montre cette figure. H I E L E M G N vous montre l'épaisseur de votre courbe rampante qui reçoit vos marches. A B C D vous montre la ligne courbe inférieure du mur qui reçoit l'autre bout des marches, qui est leur giron le plus large. O P vous montre la ligne courbe ponctuée qui est le milieu de vos marches. Il faut diviser cette ligne en autant de parties que vous aurez de hauteurs de marches. *Idem* la ligne E F G H, comme il est marqué en cette figure en six parties égales pour la moitié du plan, comme le montrent les points O E Q R V S X F T Y Z & H P. Pour avoir vos lignes courbes ralongez celles du dedans & du dehors & vos échiffres, vous éleverez vos perpendiculaires ponctuées des points E R S F T & H au-travers du plan & élévation. *Idem* celles du dedans des marches de la courbe des points M I 2 L 3-4 I. Cela fait, pour avoir vos lignes courbes rampantes, vous terminerez les hauteurs de vos marches comme il est marqué à la *fig.* 2. ou autrement. Pour avoir celles du dehors, vous éleverez la diagonale 5 & 6 à la hauteur des marches que vous aurez, comme en cette figure en six, hauteur des marches : vous voyez où touchent les perpendiculaires ponctuées à la diagonale 5 & 6 aux points 7-8-9-10-11, vous les renverrez d'équerre ou autrement horizontal sur ladite diagonale : cela fait, vous prendrez avec un compas de H à & que vous porterez de 11 à 12; ensuite vous prendrez T 17, que vous porterez de 10 à 13. *Idem* F 20 que vous porterez de 9 à 14, ainsi des autres, S 18 de 8 à 15, R 19 de 7 à 16; & des points 5-12-13-14-15-16-6, vous marquerez votre ligne courbe. Je crois que l'on peut entendre de quelle maniere je m'explique pour trouver cette ligne courbe; ainsi c'est le même ordre à celle du dedans des marches qui vous donnera pour-lors la

ligne courbe 21-22-23. Or ceux qui ne sont pas versés dans cette pratique, ces deux lignes courbes peuvent les embarrasser, ne voyant pas le développement de la courbe rampante dans son entier, sur sa largeur; mais pour vous le faire comprendre (la ligne courbe 5-12-13-14-15-16 & 6, est comme qui diroit parallele à celle du dedans des marches de la Planche précédente de la courbe rampante), & celle 21-22-23 parallele à celle du dehors des marches. (C'est pour vous faire entendre qu'il ne faut qu'une diagonale pour abréviation, & plus d'intelligence pour les Charpentiers & Menuisiers).

Quant à la pratique des échiffres ou lignes des gauches, vous ferez attention que les deux lignes ponctuées 24-25, qui sont les lignes des gauches, sont marquées du même ordre de Marin Legerest, & comme il est prescrit dans la Planche précédente courbe rampante, comme le montre les 24-25, vous remarquerez qu'elles sont trop roides, & même qu'elles sont fort des jarrets; donc il ne faut pas s'arrêter aux hauteurs précises des marches & qu'il faut les adoucir, comme le montrent les deux lignes noires 26-27; elles se trouvent toujours justes de hauteur en les traçant sur votre courbe, & bien observer de marquer vos lignes à-plomb des dehors & des dedans de vos marches sur votre piece à débillarder & débillardée. Je ne parle point de l'exécution, étant le même ordre que ci-dessus.

PLANCHE XX.

Fig. 1. Trompes sur l'angle.

Il est d'ordinaire que les trompes se jettent en saillie & comme en l'air sur des angles de bâtimens tant des dedans que des dehors, pour pratiquer des passages ou cabinets de telle commodité qu'on les veut avoir; & comme ces sortes de voûtes ne sont point revêtues de menuiserie, quant au-dehors des bâtimens, il se trouve aussi communément des mêmes trompes pour des dedans d'appartemens qui ont pour ornement formant des enniches en pendatifs, une infinité dans les églises qui forment des tourelles ou jubés dans des angles soit droits, obtus ou aigus, qui composent toutes sortes de triangles qui sont encore aujourd'hui revêtus; & comme ces traits ne sont point connus au Menuisier, c'est ce qui m'a engagé d'en décrire quelques-uns dans ce traité. Lorsqu'on souhaitera qu'il soit de charpente, les Charpentiers y trouveront beaucoup de secours pour le développement de leur piece en tour ronde ou sur toutes sortes d'angles, de même pour le développement des douelles, comme il est expliqué en plusieurs manieres.

Quant à la figure ci-après, on remarquera que les lignes courbes des voussoirs sont marquées ici volontairement. Quant à celle du milieu, qui sera le même point concentrique de toutes les autres lignes courbes, ou, pour mieux dire, sera la même ouverture de compas, si les places ne sont point faites, on marquera cette ligne de maniere qu'elle contente la vue, & lorsqu'elle sera faite, on ajustera un calibre sur la place à la susdite ligne du milieu, & on ajoutera l'épaisseur du bois comme il se voit par les profils. Passons à la construction du trait.

Sera fait le plan A B C D, où vous éleverez les deux arcs surbaissés D E B F, & vous ajouterez son épaisseur D G B H. Vous diviserez les susdits arcs D E F B en autant de parties qu'il vous plaira, comme il est marqué dans cette figure en trois parties égales de D à M N E, & des susdites divisions vous éleverez des paralleles à E B F D, touchant seulement aux susdites lignes aux points O P, & des points O P vous tirerez les lignes des joints en rayons à l'angle extérieur A. Pour avoir les gauches de vos lignes courbes D E B F, vous prendrez la longueur de A C que vous porterez de C à Q, & vous tirerez la ligne courbe E Q du centre T, puis vous prendrez de suite A P que vous porterez de P à S, & vous tirerez la ligne courbe N S du centre V; ensuite vous prendrez de A O que vous porterez de O à R, & vous tirerez la ligne courbe N R du centre X, & par cette méthode vous aurez les lignes courbes des

joints

joints pour les panneaux de douelles du terme des anciens maitres. L'épaisseur de vos profils étant terminée du derriere, vous tirerez des paralleles à EBDF, & des angles droits ponctués ENM vous tirerez la ligne courbe ponctuée à zéro au point D ; & pour ce qui est des gauches des traverses du bois de la niche, vous prendrez de RY que vous porterez sur le plan de O 2, & de suite de S à Z que vous porterez de P 3 & de QG à CK, & des points 2-3-K, vous tirerez la ligne ponctuée. Vous prendrez les hauteurs de YZG touchant aux lignes courbes RMSNQE que vous porterez à chaque perpendiculaire des points OPC, qui vous donneront la ligne ponctuée 4.

Fig. 2. Trompes sur coins biais & en niches.

On observera que ces trompes ont beaucoup de rapport aux précédentes ; le lecteur pourra y avoir recours s'il se trouve en doute sur quelque partie au trait expliqué ci-après. Sera fait le plan biais ABC, dont la longueur de B C est inférieure à A B. Vous éleverez l'arc A D du centre B, & vous ajouterez son épaisseur de D à K, & vous tirerez K parallele à A D, qui sera la moitié du centre en élévation de l'enniche ; ensuite sera levé l'arc A C E du centre F, & ajouterez les épaisseurs E Z, & tirerez l'arc parallele à A C E ; l'arc C E est l'autre moitié du centre de l'élévation. L'arc A G C représente le devant de l'enniche par le haut en parement ; ce qui la compose, sont les deux courbes E Z D K, lorsqu'elles sont jointes ensemble, & l'on remarquera que les deux lignes DE deviennent paralleles à l'horizontale BG ; on divisera les arcs A D C E en autant de parties que l'on voudra, comme il est marqué en cette figure en deux parties & demi égales ; & lorsqu'elles sont jointes ensemble, elles en font cinq tendantes au centre B F. On peut les diviser, mais cela n'agit en rien. Desdites divisions ILNS vous éleverez des paralleles à AECD sur AECD aux points POHQ, & desdits points POHQ se produiront les lignes des points en rayon tendantes à l'angle intérieur du plan au joint G. Pour avoir les arbres ou lignes courbes en creux, & leurs gauches pour les traverses du bas, & des deux courbes d'élévation, vous prendrez de G à B que vous porterez de B à 2, & des centres B ou F vous tirerez l'arc D 2.

On se servira de la même ouverture de compas à toutes les autres lignes courbes ; ensuite vous prendrez de GO que vous porterez de O à R, & vous tirerez l'arc RI ; ensuite vous prendrez de G P que vous porterez de P à M, vous tirerez l'arc L M, après quoi vous prendrez de G à H que vous porterez de H à Y, & vous tirerez l'arc Y N de G à Q que vous porterez de Q à B, & vous tirerez l'arc BS ; & de cette maniere vous aurez toutes vos lignes courbes en creux pour les gauches.

Pour y parvenir, vous marquerez vos chans & profils comme ils sont marqués sur lesdites lignes courbes, ainsi que leurs équerres du derriere de leur épaisseur, & vous tirerez des paralleles à DCAF, & de même aux arêtes des profils qui sont les lignes ponctuées des angles 5-6-7-8, & vous tirerez à la main ou au compas les lignes courbes 5-6-7-8 à rien aux parties inférieures A C ; & par ce moyen vous aurez le développement de vos courbes.

Les deux lignes courbes ponctuées ne proviennent que des horizontales ponctuées ; on ne les voit que lorsque les courbes sont dans leur équerre. Revenons aux gauches des traverses du bas. Vous prendrez 1-2 de la courbe 2 D que vous porterez sur votre plan à l'angle B & de suite 3 à R que vous porterez de O à 9, & de O M que vous porterez de P à 10, & desdits points B 9-10 vous tirerez la ligne courbe noire.

Quant à la partie inférieure, ce sera le même ordre. On remarquera que les lignes courbes ponctuées BH OM proviennent des perpendiculaires ponctuées, & qu'on ne les voit que lorsque les pieces sont d'équerre ; les lignes 17-18 proviennent des chans & profils, il les faudra marquer pour la facilité des panneaux ; on remarquera aussi que nous avons fait deux opérations dans cette figure pour avoir les lignes courbes & leur gauche, où l'on peut comprendre que ce n'est que lors-

Nᵒ. 11.

que les plans sont de biais, & lorsque les deux côtés du triangle sont égaux, on ne fait qu'une opération. Passons à la pratique de l'exécution.

L'hipotenuse ou diagonale A 11 & sa parallele 12, vous représentent la masse pour la largeur de votre courbe, & sa longueur de 11 à 13 & son épaisseur, ce que vous représente son hipotenuse AG, & sa parallele 13 & des points A 13 K-D seront les coupes de la courbe qui sera bien d'équerre. Votre courbe étant ainsi bien préparée, vous hacherez tout le bois que vous aurez de trop de l'hipotenuse A 11 jusqu'à la ligne courbe A-6-5, & vous la mettrez de largeur jusqu'à la ligne courbe K, & pour la ceintrer sur son plan suivant la ligne courbe A G, vous suivrez le même ordre de la tour ronde ; & cela fait, vous hacherez de la ligne courbe A-6-5 en chanfrein tout le bois jusqu'à celle ALID, & pour son équerre vous prendrez la largeur des chans & profils avec un compas que vous porterez sur le chanfrein de la piece, & dudit point vous ajusterez un trusquin à longues pointes que vous tirerez le long de la piece en parement, si mieux vous n'aimez avant que de développer votre piece, marquer dessus les perpendiculaires IL, & celles tendantes au centre que vous aurez soin de repairer en la débillardant suivant vos plans, afin que vous les puissiez reconnoître pour les remarquer sur le chanfrein de la piece, & vous porterez les largeurs sur chaque ligne qui vous donneront pour lors la ligne courbe ponctuée, & vous hacherez tout le bois qu'il y aura de trop jusqu'à la susdite ligne suivant son équerre, comme les profils le montrent. Pour ce qui est des pieces du bas, la diagonale B 14 & la ligne 15-16 représentent sa largeur, & sa longueur est de 14 à 16, sa hauteur se voit par les profils. Les coupes étant faites suivant l'horizontale B 16 & sur la ligne courbe A G C, qui seront les arrasemens, vous hacherez le bois qu'il y aura de trop de l'hipotenuse B 14 jusqu'à la ligne courbe noire marquée B. Cela fait, vous hacherez par-dessous en chanfrein & suivant le calibre jusqu'à la ligne noire qui est l'horizontale C Q B, & vous le mettrez de largeur du même ordre de la courbe ci-dessus, suivant leur équerre, comme le montrent les profils que donnera pour lors la ligne courbe ponctuée.

Je ne marque point ces lignes comme celles des courbes, que pour donner une facilité aux Menuisiers de préparer leurs panneaux en les collant suivant le plan, & leurs longueurs suivant l'élévation. Je laisse cela au génie de l'ouvrier, pouvant suivre l'ordre de la voussure de S. Antoine pour les panneaux, comme il est expliqué Pl. IX. & X. Quant aux Charpentiers, lesd. lignes courbes ponctuées ne leur sont point utiles à marquer, attendu qu'elles n'ont point de revêtissemens de panneaux, & qu'ils coupent seulement leurs voussoirs suivant que les lignes courbes le montrent.

PLANCHE XXI.

Fig. 1. Trompe en niche droite & tour ronde par-devant sur même diametre.

Ces sortes d'enniches droites & en pendantif sont fort en usage & beaucoup pratiquées parmi les ouvriers. Je ne doute point qu'il n'y en ait quelqu'un parmi le grand nombre qui ne sache la pratique ; mais comme il y en peut avoir beaucoup qui ne sont point au fait, c'est ce qui me donne lieu de disposer cette figure.

Sera fait le plan & élévation ABCD, auquel vous ajouterez son épaisseur AIBHCGDE, & vous diviserez le cercle en autant de parties que vous souhaiterez, comme en six parties égales tendantes au centre des divisions, vous éleverez des perpendiculaires paralleles à BDEH, desquelles divisions vous tirerez des paralleles à celle I ACG jusqu'à la ligne L ; & pour avoir les gauches des courbes, vous éleverez les arcs du centre L provenant des horizontales paralleles à I ACG ; pour avoir les lignes courbes du gauche MN OP, on suivra le même ordre des précédentes comme pour la pratique de l'exécution ; & lorsque lesdites enniches seront ceintrées sur le plan, on suivra le même de la tour ronde pour les pieces de devant.

D

Fig. 2. Trompe rampante en niche.

Ayant décrit quelques trompes en niches sur plusieurs plans différens, je me suis contenté d'en marquer une rampante, dont la pratique pût servir pour toutes sortes de plans & élévations, soit droite ou en tour ronde. Je conviens que ce trait ne peut pas être d'un grand usage pour les Menuisiers, d'où l'on peut juger qu'il y a fort peu de trompe rampante qui en soit revêtue ; mais il peut arriver aussi qu'il se peut trouver des ouvrages à-peu-près semblables, où l'on pourroit avoir recours audit trait. Quant aux Charpentiers, il peut leur être d'un plus grand usage, il ne seroit pas difficile de croire que l'on pourroit pratiquer les trompes en charpente & après les revêtir de maçonnerie ; ce qui me donne lieu de passer à la pratique.

Sera fait le plan A B, auquel on ajoutera son épaisseur B C A D ; ensuite on tirera les deux arcs du devant de la tour ronde A B 20-21, qui sera le développement de l'horizontale F G aux susdits points F G. L'élévation de la rampe sera de la hauteur que l'on souhaitera, comme il est marqué de F à H, & on tirera de suite l'arc rampant H I G, & on ajoutera son épaisseur qui sera prise de B C ou de A D ; le ceintre rampant intérieur se divisera en autant de parties que l'on voudra, comme il est marqué en cette figure en quatre parties égales, dont on tirera des parallèles à la perpendiculaire P N des points H M I L G, & les susdites divisions seront renvoyées en rayon au point marqué N ; & où les perpendiculaires M I L touchent à l'horizontale E, elles seront renvoyées en rayon au point P, & pour avoir les lignes gauches de la ligne courbe A B ; & à celle rampante H G on tirera des lignes courbes en creux provenant des lignes H M I L G. En suivant cet ordre sur la ligne rampante G H au point N, on abaissera la perpendiculaire ponctuée N O formant deux angles droits, on prendra de E au point P qu'on portera de N à O, & on fera deux arcs concentriques R S de telle ouverture de compas qu'on voudra, pourvu que les susdites lignes deviennent gracieuses ; & si la place est faite, on élevera un calibre à-plomb à la perpendiculaire N P, qui sera pour toutes les autres lignes courbes en creux, & on tirera les deux arcs H O G O ; & de la ligne L au point N on abaissera une perpendiculaire ponctuée N T, & on prendra la longueur de P à 23 qu'on portera de N à T, & de T L on fera deux arcs concentriques au point V, & du susdit point V on tirera l'arc T L, & on suivra le même ordre pour toutes les lignes tendantes au point N, & on se souviendra que c'est toujours le même centre aux points V X Y R S pour les courbes H O G O M I L, ensuite on tirera des angles 24-25-26-27-28 ; & pour les gauches de la pièce du bas, on prendra de T à 4 qu'on portera de 8 à 7 & de K à 2 qu'on portera de 9 à 3 & de Z 6 qu'on portera de 10 à 11 & de O à 12 qu'on portera de A à B & de B à 14 ; & des points 14-7-3-11-13 on tirera la ligne courbe ponctuée ; & quant à la pratique de l'exécution, on aura recours aux précédentes & à la tour ronde, Pl. XVI.

P L A N C H E   XXII.

Fig. 1. Voûte d'arête sur plan barlong.

La grande pratique des voûtes doit être commune aux Maçons & aux Tailleurs de pierres. Il peut aussi arriver de semblables ouvrages aux Menuisiers, où il faut qu'ils érigent les plans & élévations pour parvenir à la construction du trait sans aucune faute. Les Charpentiers y trouveront des facilités pour le développement de leurs pièces qu'ils appellent communément *courbe ralongée ;* ce qui m'a résolu d'en décrire ici quelques-unes sur quelques plans différens, comme des voûtes d'arêtes, arcs de cloître, & culs de fours en pendantif. Le trait de la voûte d'arête sera général pour tous les plans quarrés ou barlongs, comme aussi pour toutes sortes de plans réguliers & irréguliers ; mais pour éviter la grande multitude de traits & lettres alphabétiques, j'en marque ici quelques autres différentes pour en connoître la preuve quant à l'exécution ; & lorsque ces voûtes seront d'arête dans les angles, on suivra l'ordre expliqué ici.

Pour ériger le plan, on prendra les mesures des murs aux retombées des voûtes, comme le représentent les deux lignes hachées terminées à l'angle 13, & l'on ajoutera l'épaisseur du profil à l'angle B qui montre le parement de la menuiserie ; elles peuvent être revêtues lisses sans architecture, & l'ordre en sera suivi suivant la pratique de l'exécution des panneaux ci-après, où il ne sera plus besoin de courbes ralongées, & lorsqu'elles seront ornées d'architecture, nous passerons à la pratique.

Pour entrer en pratique, il sera fait le plan A B G D, & les deux diagonales des angles A B C D, sera élevé l'axe B C E, soit plein ceintre ou surbaissé, qu'on divisera en autant de parties que l'on voudra, comme il est marqué au point H I E F G, d'où l'on élevera des perpendiculaires touchant aux diagonales B D A C aux points P Q R S G parallèles à E M, & ainsi des autres. On observera que ces perpendiculaires représentent les joints de chaque panneau, comme il sera marqué ci-après dans la pratique de l'exécution.

Pour donc parvenir aux élévations des arcs barlongs & diagonales provenans de l'arête des angles des points O P Q que vous renverrez aux horizontales parallèles à B C, & qui sera perpendiculairement sur l'horizontale C D, & de même sur la diagonale B D, & des points O S R vous prendrez de E M que vous porterez, de Y Z de O I son égal & de I N, que vous porterez de V à X, & S 2, son égale de L H, que vous porterez de K à T & R son égal, & ainsi des autres, & des points C T X Z vous aurez l'arc barlong C Z D, comme des points 1-2-3 B, vous aurez l'arc diagonal ou courbe ralongée, & vous ajouterez son épaisseur B-4-1-5, & par ce moyen le trait se trouve terminé : pour l'exécution, la masse B montre la grosseur & l'épaisseur de votre courbe & lorsqu'elle est d'équerre, ce que montrent les quatre angles B 6 7-8 : la diagonale ponctuée I B, & la ligne 9, montrent la masse de bois qu'il faut pour la largeur de la courbe, & sa longueur est de 4-5-1-B, desdits points, ce sont leurs coupes ; lorsque vous aurez levé un calibre pour le tracer sur votre pièce, & que votre bois sera ainsi préparé, vous hacherez tout ce que vous aurez de trop depuis la diagonale B I jusqu'à la ligne courbe 1-2-3 B, & vous la mettrez de largeur à l'ordinaire, comme le montrent les points 5-4, puis après vous prendrez avec un compas de 12 à B ou de 10 à B, que vous porterez sur le creux de votre pièce, & du point que vous aurez vous tirerez une ligne le long de votre pièce comme le montre B, & vous prendrez garde qu'il n'est point au milieu par rapport au barlong : & cela fait, vous prendrez avec un compas de 6 à 10, que vous porterez sur le côté de votre pièce qui sera sans manquer sur le parement des côtés du barlong, & du susdit point que vous aurez marqué, vous tirerez avec un trusquin ceintré une ligne courbe parallèle à celle ponctuée A 6, & de même de 12 à 8, que vous porterez sur l'autre côté, & vous tirerez une ligne courbe du même ordre de l'autre ; ce qui étant fait vous hacherez en chanfrein tout le bois depuis la ligne qui est marquée dans le creux de la susdite courbe jusqu'aux lignes courbes ci-dessus dites, comme le montrent les points A 6 ; & de suite vous les mettrez d'équerre comme le montrent les points de 6 à 7 & de 7 à 8, au moyen de quoi votre pièce se trouve terminée. Je ne parle point des autres arcs pour la préparation de leurs courbes où le plan & élévation le montrent clairement. Il est dit dans cette Planche, que lorsque les voûtes ne seront revêtues que lisses sans architecture, que l'on suivra l'ordre décrit dans l'exécution des panneaux, où l'un & l'autre se trouveront d'une même pratique & usage en les supposant lisses. Nous disons que les longueurs & largeurs de chaque panneau sur le plan sont des points 14-C Q K-14-14-P V M-15-O Y, & augmenter leur épaisseur, ce qui se voit par le profil de la masse ou ligne courbe ponctuée 16-17, qui sera le revêtissement d'un quart de la susdite voûte, leurs élévations se trouvent des points de division E F G T X Z tendant au centre supposé 18.

On voit donc clairement que les points C K Q 14 nous montrent la première assise, c'est-à-dire le premier panneau sur son plan ; à l'usage, on peut faire servir des bois minces en deux parties, dont leurs joints feront paralleles à la diagonale C A ou B D ; pour cela faire, il faudra tirer les diagonales ponctuées C G C T B 3 , tombant perpendiculairement aux points Q R ; lorſque vous aurez coupé le pié de la courbe bien quarré ſuivant les pentes des diagonales C G C T dont les filets feront en joints, comme le montrent les profils des joints, vous tracerez la ligne courbe C G ſur le côté de votre panneau 14-C-16 , qui ſera de bois debout, & de ſuite ſur les joints Q C-17 , puis vous tracerez la ligne courbe ralongée des points B 3 , & ſera tracé le même calibre ſur le même joint du panneau Q K , & ſur le côté Q K ſera tracée la ligne courbe C T ; ce qui étant fait, des digonales C T C G B 3 , vous aurez les développemens des deux premiers panneaux 14-C Q K , & vous ôterez tout le bois depuis leſdites diagonales ponctuées juſqu'auxdites lignes courbes, & par conſéquent terminées par le bas à l'angle, & par le haut de leurs joints aux points G T 3 , tombant à-plomb aux points Q 14 R . Je crois que cette démonſtration doit être ſuffiſante pour les autres panneaux en tirant leurs lignes diagonales & perpendiculaires G F E T Z 1-2-3 .

Fig. 2. Voûte d'arête biaiſe & barlongue.

Le précepte de cette voûte n'eſt pas d'une grande différence de la précédente ; ſon plan biais fait que les lignes du plan ne ſe trouvent point horizontales aux perpendiculaires provenant du plein ceintre ; quant à l'exécution, ce ſera le même ordre pour les arcs d'arête & leur revêtiſſement pour les panneaux.

Sera fait le plan de biais A B C D , & les diagonales provenant des angles A B C D , & ſera levé l'arc A D E , que vous diviſerez en autant de parties qu'il vous plaira, comme il ſe voit par cette figure en ſix parties égales, dont vous abaiſſerez les perpendiculaires touchantes à l'horizontale A D , que vous renverrez paralleles à D C touchant à la diagonale A C , & de même A D ; & pour avoir le ceintre ſurbaiſſé ſur la ligne D C , vous éleverez les perpendiculaires des points L M N O P , & de même pour la courbe d'arête parallele à la diagonale A C : des points Q R S T P & des points V X S vous éleverez des perpendiculaires *idem* ſur D B , & ces lignes donneront la courbe d'arête parallele à D B , & pour avoir les ſuſdits arcs, vous prendrez de K à E , que vous porterez de R à 7 N 4 S-10 , c'eſt l'égal : vous prendrez de ſuite de Z à G que vous porterez de X à 6 , M 3-R 9 , c'eſt l'égal ; de même Y F que vous porterez de Q à 8 , de V 5 L 2 , c'eſt l'égal, & ainſi des autres qui ne ſont point repairées, & par moyen vous aurez toutes les lignes courbes, & vous ajouterez toutes les largeurs & groſſeurs des bois, comme le montrent les maſſes A B C D .

PLANCHE XXIII.

Fig. 1. Arc de cloître ſur plan barlong.

Le pere Derant nous a fait connoître qu'il y a trois différences entre ces voûtes d'arêtes & les voûtes en arc de cloître : la premiere eſt pour leurs aſſiſes ; la ſeconde que leurs naiſſances ſe tirent des angles des murs ; & la troiſieme que ces voûtes d'arête ont leur arête pleine, & que les voûtes en arc de cloître les ont creuſes : c'eſt d'où j'ai pris occaſion d'en marquer quelques-unes qui puiſſent être revêtues en menuiſerie, ou autre choſe ſemblable, & de même pour les Charpentiers.

Soit fait le plan barlong du quarré A B C D , que vous couperez en diagonales A B C D , qui ſeront marquées pour avoir votre ceintre ſurhauſſé provenant de l'arc E F , ſera donc marqué le ſuſdit arc E F G , ſoit plein ceintre ou ſurbaiſſé , qui ſera divifé en autant de parties que l'on voudra, ſelon la matiere que l'on aura à employer, comme il eſt marqué en cette figure en ſix parties égales, pour la moitié en trois parties des points G I H , d'où vous abaiſſerez des perpendiculaires touchant à la diagonale A D , que vous renverrez parallele à l'horizontale E F , pour avoir votre ceintre ſurhauſſé, & vous prendrez de L à G , que vous porterez de L à E , & de ſuite de I N , que vous porterez de P à O , de M H que vous porterez de R à Q , & des point E O Q V , vous tirerez votre courbe & vous ajouterez leur épaiſſeur C

parallele à E G E V . On remarquera deux choſes : la premiere, que ſi la voûte eſt quarrée , il ne ſera pas néceſſaire de faire cette opération pour le ceintre ſurhauſſé , parce que les deux ceintres proviendront d'un même point concentrique ; la ſeconde, que la ligne courbe E V eſt parallele à la perpendiculaire L P R , & forme le premier vouſſoir du milieu, & que la ligne courbe E G devient parallele à l'horizontale F L , & ſe trouve le premier vouſſoir du milieu de la largeur. On doit comprendre que cela forme deux arcs qui ſe croiſent tombant à-plomb au point du centre L : quant à la préparation des bois pour les premiers panneaux qui terminent les quatre angles, la perpendiculaire de Q R auxdits points Q R eſt le premier vouſſoir du panneau de A S qui eſt la largeur, & de même à la perpendiculaire de M H auxdits points M H , qni eſt le vouſſoir du premier panneau, de A à T qui eſt ſa largeur, ayant ajouté leur épaiſſeur, comme vous le montrent les profils & leurs hauteurs, comme il vient d'être expliqué, vous les préparerez comme vous le montre la maſſe T A S : vous les joindrez au point A ſuivant la diagonale ponctuée A , que vous marquerez ſur les calibres de vos vouſſoirs, & vous hacherez le bois que vous aurez de trop juſqu'aux lignes courbes & droites par le pié ſuivant la perpendiculaire T C & l'horizontale A B , & de même à tous les autres du point O P & de P V eſt le ſecond vouſſoir après l'angle A du panneau des joints S Q , & de même de I N , & N X eſt le ſecond vouſſoir du panneau des joints T Y qui eſt ſa largeur. On voit que les retombées de X à L de L à V , ſont les vouſſoirs de Q à R & de X Y . On peut bien ajouter des courbes dans les angles paralleles aux diagonales A D C B , préparées comme vous montre la maſſe T A S formant le même angle au point A , & ſuivant le même ordre des voûtes d'arêtes.

Voûte d'arête & Arc de cloître ſur triangle inégal par les côtés ſur toutes ſortes de plans.

Comme il peut arriver aux Menuiſiers & aux Charpentiers des ouvrages en forme de voûtes & arc de cloître ſur des plans réguliers & irréguliers, formant figure de polygone & triangles, tels qu'ils puiſſent être, on ſuivra l'ordre marqué pour cette voûte contenue dans un triangle A B C , dont on diviſera les côtés par le milieu perpendiculairement, & où ils ſe croiſent ce ſera le centre de la retombée ou l'à-plomb des vouſſoirs : vous tirerez des angles les diagonales A B au centre D ; vous éleverez l'arc A B E ſoit plein ceintre ou ſurbaiſſé que vous diviſerez en autant de parties qu'ils vous plaira, & de même qu'il eſt marqué en cette figure en ſix parties égales des points F G E H I . Vous abaiſſerez les perpendiculaires touchant aux lignes diagonales A B , que vous enverrez paralleles aux lignes A C-C B , comme on le voit par les lignes ponctuées : on remarquera que ſi on a des plans formant des polygones ou autres figures régulieres, il faudra ſuivre le même ordre, ils formeront pluſieurs figures, comme dans celui-ci qui vous montre trois triangles.

Pour avoir les vouſſoirs & arcs ſurbaiſſés, vous prendrez de N à E que vous porterez de D à M D X D 5 Y Z , qui ſont ſes égales, & de ſuite vous prendrez de I I G que vous porterez de K V de 96 P O 2-8 qui ſont ſes égales, & de même de L F , que vous porterez de S T-10-7-R Q-3-4 , qui ſont ſes égales ; par ce moyen vous aurez vos arcs & vouſſoirs, & vous ajouterez vos épaiſſeurs comme le montrent les profils : quant à l'exécution lorſque ce ſera pour des voûtes d'arête, on ſuivra le même ordre de la Pl. XXII. *fig.* 1. & pour des arcs de cloître on ſuivra l'ordre de la *fig.* précédente.

PLANCHE XXIV.

Fig. 1. Voûtes ſphériques ou culs de four.

Ces ſortes de voûtes peuvent avoir pour plan les polygones & toutes ſortes de triangles inſcrits dans un cercle qui auront le même diametre pour leur élévation, ou ſurbaiſſées comme il eſt écrit dans cette figure. A H C D E vous montre le cercle & le pentagone , où l'on voit que les lignes qui proviennent des angles , tendent au centre F, & dudit centre F vous abaisserez une perpendiculaire F G coupant à angle droit où vous éleverez l'arc C G du centre F, qui sera le premier voussoir parallele à la ligne du plan F C, & ainsi des autres. Pour avoir les gauches des traverses du bas, vous marquerez leurs profils comme vous montre le point C ; & du point F vous tirerez l'arc ponctué B ; & pour ceux des pans droits de la ligne ponctuée Q R , pour avoir le développement de chaque pan, vous prolongerez la ligne F G , & vous prendrez la ligne de C G du même point C, que vous porterez au point I, & de I à L vous formerez l'arc I L ; ensuite vous prendrez de H C que vous porterez de I L, & vous formerez un autre arc, & d'où il se croise vous tirerez la ligne C L : cela fait , vous prendrez la moitié de votre chan en profil de C M, que vous porterez de I N O L qui vous donneront les lignes ponctuées N O tendantes au centre C ; & pour-lors vous aurez le développement de votre panneau. Je ne parle point de la pratique pour l'exécution , parce que le plan & le trait le montrent clairement, où l'on observera seulement que la diagonale ponctée C G est parallele à celles C I L , & on hachera tout le bois de trop depuis la susdite diagonale jusqu'à la ligne courbe C G D , & ainsi des autres.

Pour celles dont les plans sont exprimés comme ci-dessus , & dont les élévations ne sont point en plein ceintre, mais sont surbaissés , on tirera la ligne courbe 1-2, dont sa cinquieme partie est la ligne courbe H 3 ; & pour ce qui est du reste, on suivra l'ordre ci-dessus & le tout sera parfait. Nous avons déjà dit que ces sortes de voûtes en pendantif se peuvent faire sur plusieurs plans différens, mais cela n'est utile à marquer que par rapport à plusieurs traits différens pour la coupe des pierres, où j'ai trouvé que pour la Menuiserie c'est la même chose.

Fig. 2. Voûtes à ogives.

Après avoir décrit le trait de quelques voûtes d'à-présent, j'ai cru qu'il seroit à propos d'en décrire un de celles à la moderne en ogives qui servira pour toutes sortes de plans, où l'on reconnoîtra la différence qu'il y a entre ces voûtes pour leur trait d'avec celles d'aujourd'hui, dont on termine l'arc sur un point fixe de leurs divisions, qui produisent des perpendiculaires, d'où il en provient d'autres qui nous donnent des arcs surbaissés tirés à la main de point en point , & il se trouve le contraire dans ces voûtes modernes, où il faut que tous les arcs doubleaux soient tirés au compas sans recherche: on fera attention aux profils marqués sur le plan où les nerfs des arcs se trouvent encastrés dans la Menuiserie ; c'est la précaution que doivent avoir ceux qui feront ces sortes de voûtes de bien prendre leurs mesures pour ériger leur plan , ainsi qu'on le va décrire.

Supposons que le point I nous montre l'angle extérieur de la voûte qui se trouve couvert par les profils des nerfs & qui se voit encastré par les profils de notre menuiserie qui nous forme l'angle intérieur du plan & en parement au point A.

Sera fait le plan A B C D , & de ces points seront tirées les diagonales coupant à angle droit au point de la clé E , d'où vous éleverez la perpendiculaire E F, &

vous poserez sur votre plan la retombée des tiercerons touchant aux liernes A H A G : pour terminer les arcs doubleaux & liernes, vous éleverez l'arc ponctué B F, dont le centre sera plus élevé que la retombée : & cela fait , des points A F vous tirerez l'hipotenuse que vous diviserez en deux parties au point L, d'où vous abaisserez une perpendiculaire coupant à angle droit touchant à l'horizontale A B au point M, d'où vous tirerez l'arc doubleau A F, & de même son égal B F : cela fait, vous prendrez la longueur de A G ou A H , que vous porterez de A O, & du point O, vous éleverez la perpendiculaire O N, & de N à A vous tirerez l'hipotenuse que vous diviserez en deux parties au point P, d'où vous tirerez une perpendiculaire touchant à l'horizontale A B au point Q : & du susdit point Q vous tirerez la ligne courbe A N, qui sera le parement du tierceron : cela fait, vous prendrez la longueur de A E ou B E D E C E ses égales, que vous porterez A à R, & du point R vous tirerez la ligne courbe A S, qui sera la courbe de l'ogive en diagonale en parement ; par ces moyens vous aurez les développemens de vos courbes formant les voussoirs de la susdite voûte, & à chaque ligne courbe qui sera tracée, on ajoutera les largeurs de profil de A T A V, qui sont les lignes courbes paralleles à celles A F A N A S. On observera qu'en revêtissant de menuiserie telles voûtes, soit dans les chapelles ou autres lieux semblables, que l'on en pourra supprimer les liernes, quoique les marque ici pour le trait qui est la ligne courbe S X du centre 14, & sa retombée de la clé S au point Y, utile pour les plans des panneaux ; & pour l'exécution vous commencerez par préparer vos bois comme il suit : les points 2-3-4-5 vous représentent la masse & grosseur de votre courbe d'arête en ogive , & sa largeur est ce que vous représentent les diagonales ponctuées A L S-7-8 , & lorsque vous aurez tracé sur votre piece la ligne courbe A S, vous hacherez tout le bois que vous aurez de trop depuis la diagonale A S, jusqu'à ladite ligne courbe A S, & vous la mettrez de largeur comme vous le montre la masse T de A à T ou A V, & votre piece étant ainsi vous prendrez le milieu de 4 à 5, qui est le point A, & vous le marquerez sur le creux de votre piece, & vous tirerez un trait tout le long avec votre trusquin ; ensuite vous prendrez avec un compas de 4 à T ou 5 V, que vous pointerez sur les côtés de votre dite piece, & vous tirerez un trait de chaque côté avec le trusquin ceintré, & desdits traits vous hacherez tout le bois depuis le trait marqué dans le creux, jusqu'au trait tracé sur les côtés, d'où votre piece deviendra parallele à T I A V, & vous ôterez le reste du bois de 13 V, & votre piece sera faite. Or comme les autres courbes ou tiercerons ont liaison avec la précédente , pour en faire connoître les coupes & enfourchemens, je l'ai transposée à côté, d'où la longueur T 9 est parallele à A O, & la ligne courbe T II est parallele à A N, & la longueur de leur coupe de 12 à A ou T 12, dont sa masse pour sa largeur & longueur, c'est ce que vous montrent les diagonales 2-11-13, & vous suivrez le même ordre de la courbe précédente. Quant aux panneaux, vous les collerez suivant les lignes courbes ponctuées K X A F des élévations, & pour leurs plans suivant la ligne S & X , & leurs longueurs suivant les compartimens que vous aurez.

Fig. 9.
h
h
h
Fig. b.
Fig. a.
C
B   A
Fig. 1.
B   A
Fig. 2.
A
B   A
Fig. 3.
A
A
Fig. 4.
Fig. 5.
A   A
A   A
Fig. 6.
B
A   A
Fig. 7.
A   A
C   B   C
B
C   B   C
Fig. 8.

Lucotte del.
Benard Fecit.

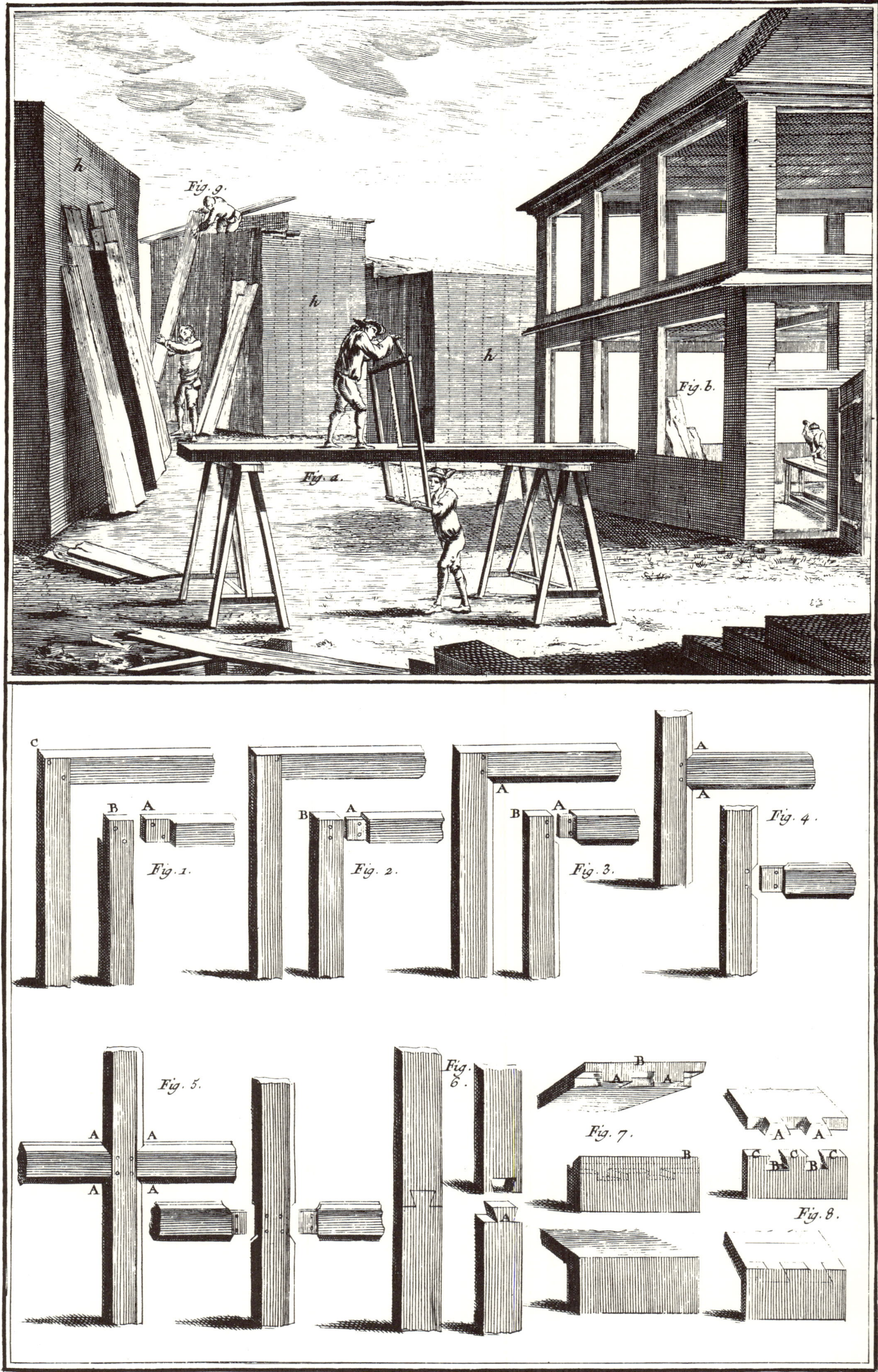

Menuiserie.

Fig. c
Fig. h
Fig. d
Fig. e
Fig. b
Fig. a
Fig. f
Fig. g
Fig. 9
Fig. 10
Fig. 11
Fig. 14
Fig. 13
Fig. 12
A B
A
A B
A
B
A
F F F
E E E
D D D
B
B
Lucotte del.
Benard Fecit.

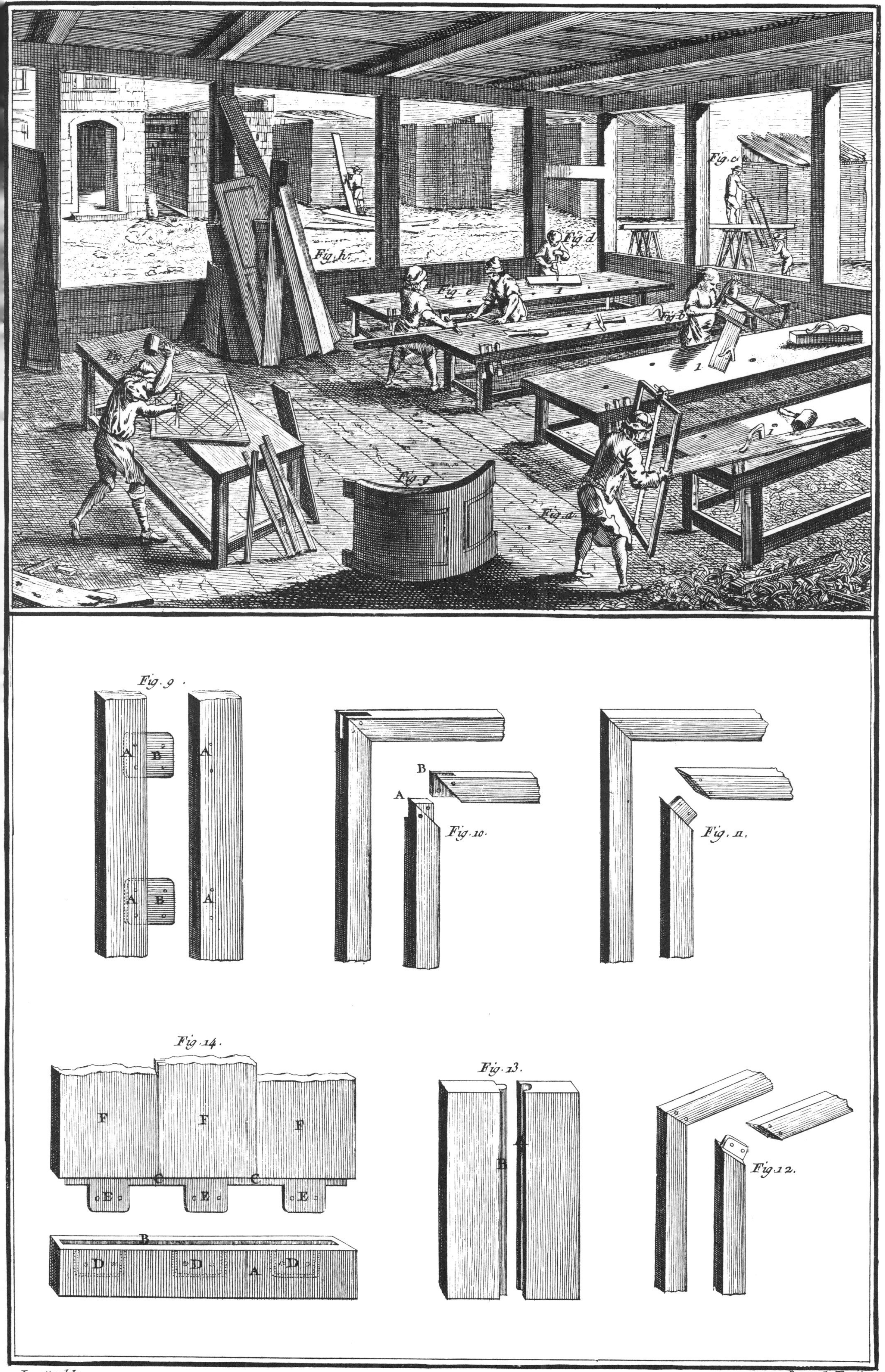

Menuiserie.

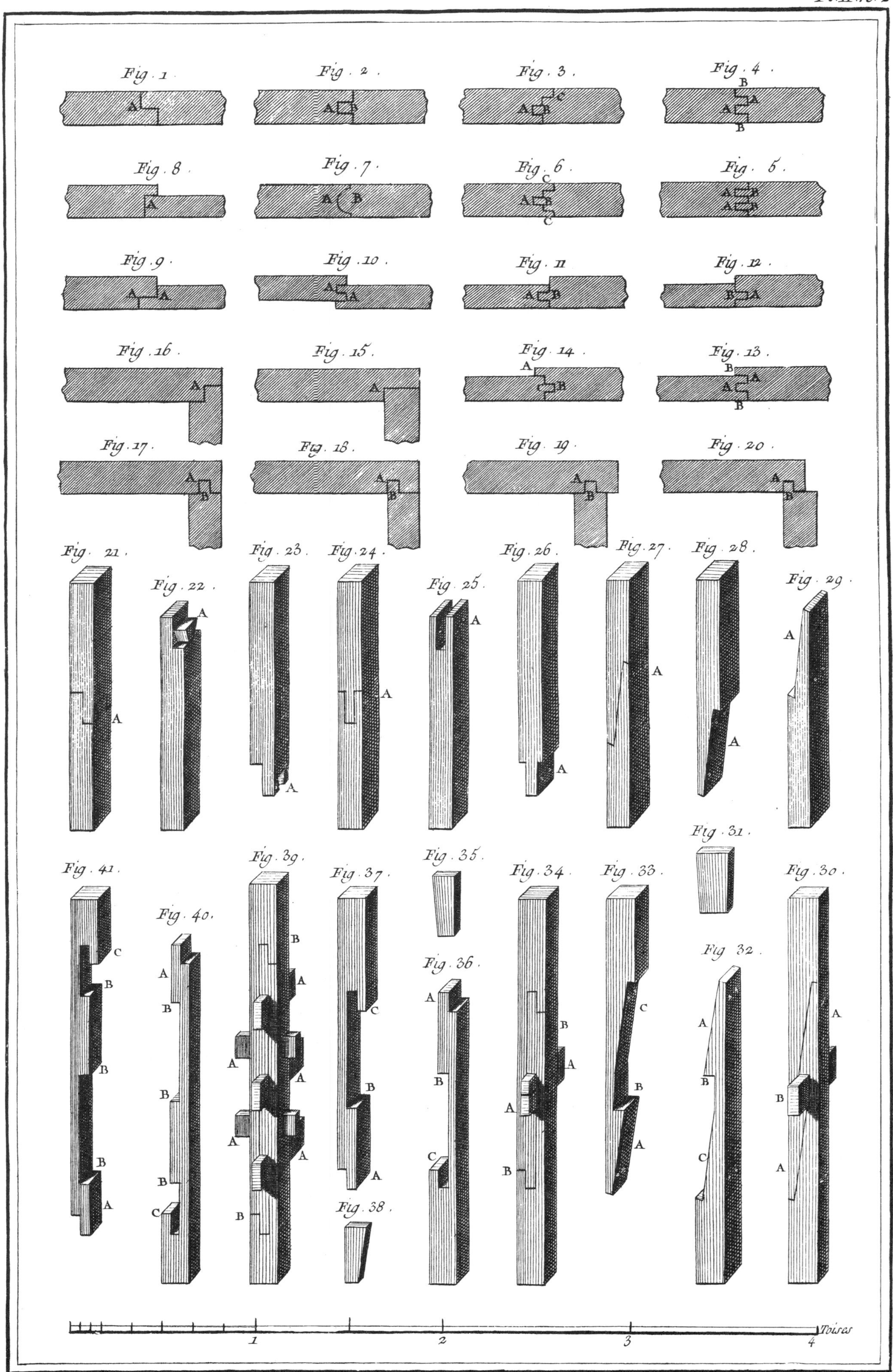

Menuisier *en Batiment, Assemblages.*

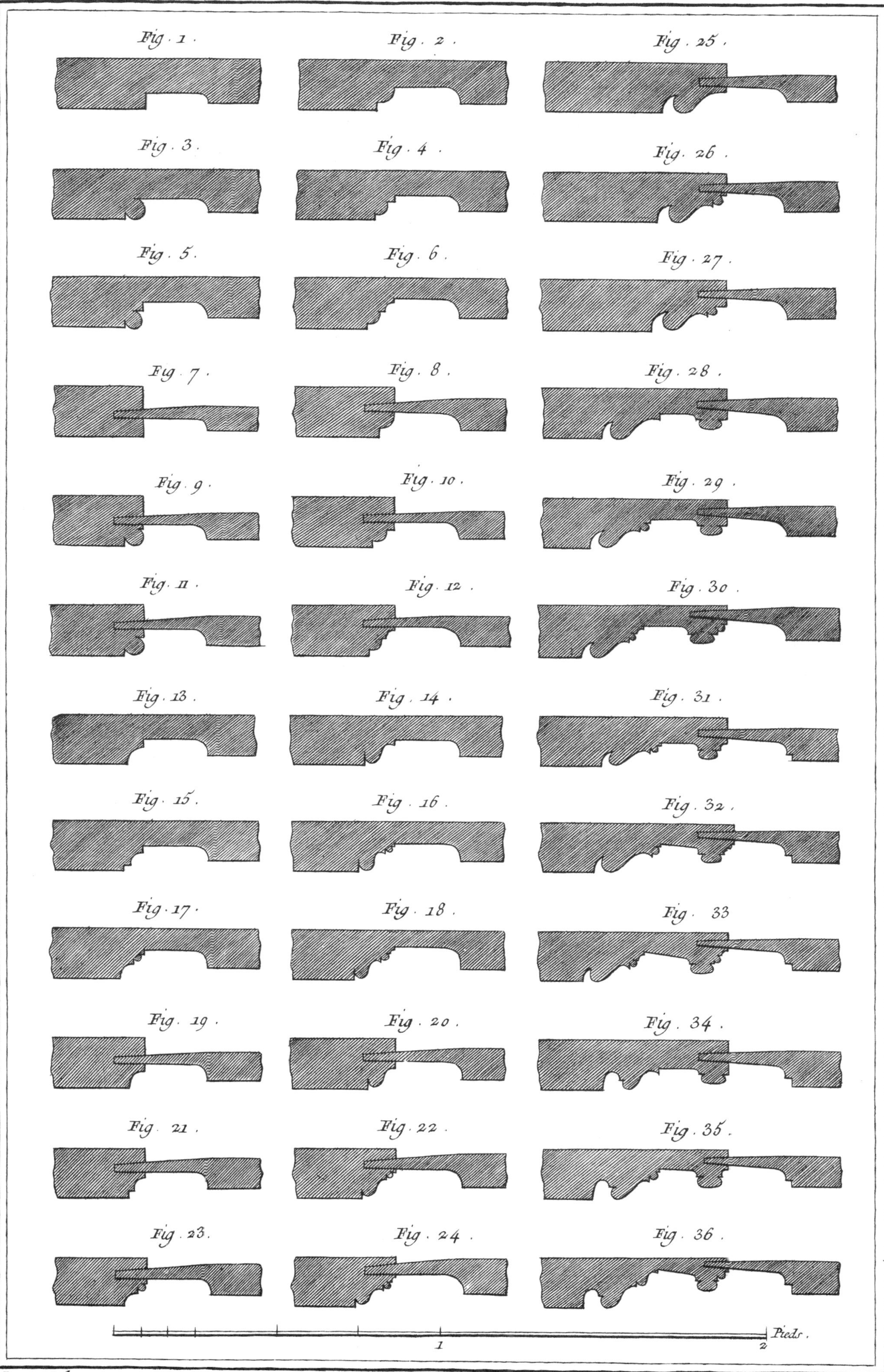

Menuisier en Batiment, Profils.

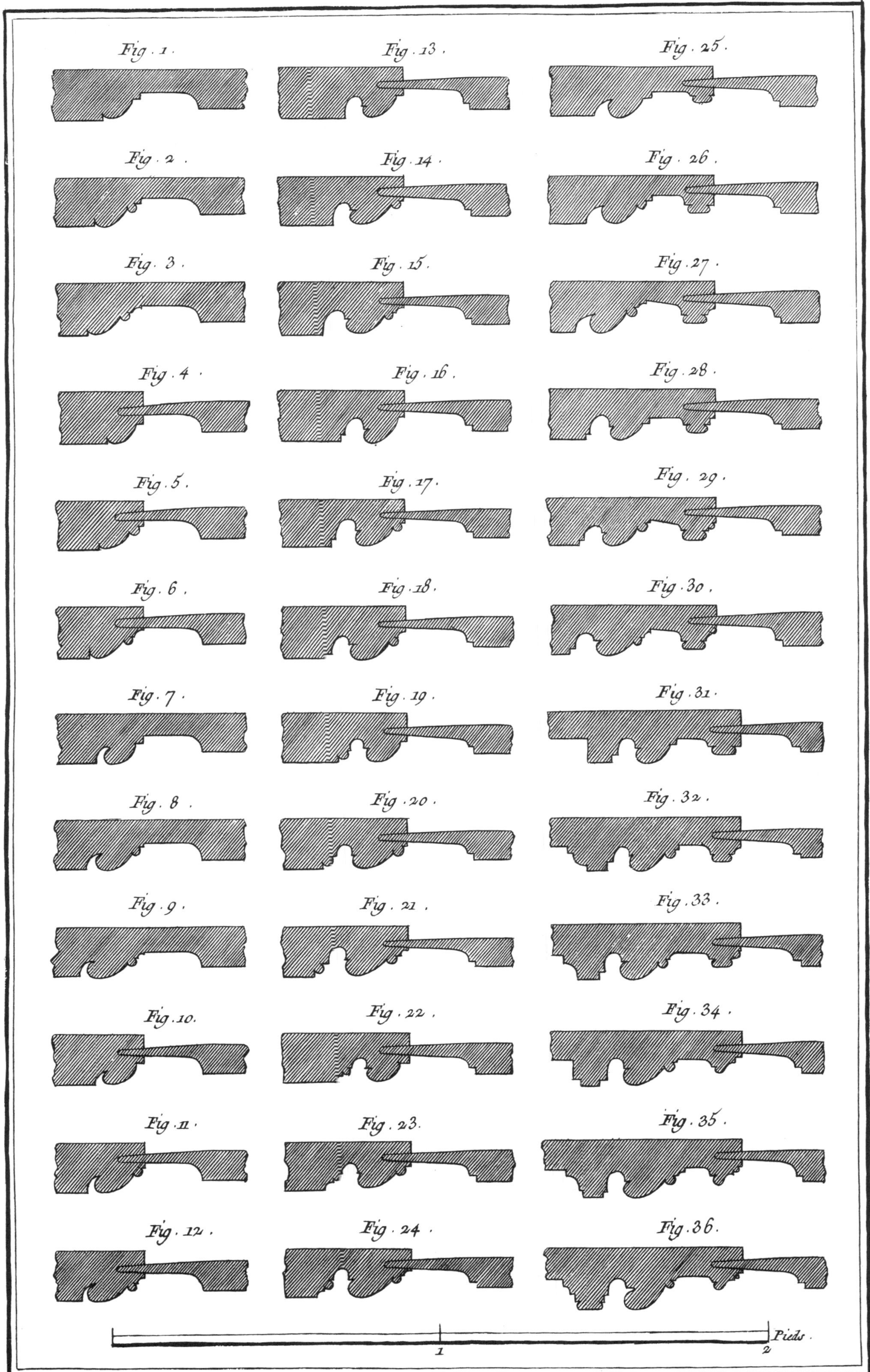

Fig. 1. Fig. 2. Fig. 3. Fig. 4. Fig. 5. Fig. 6. Fig. 7. Fig. 8. Fig. 9. Fig. 10. Fig. 11. Fig. 12.
Fig. 13. Fig. 14. Fig. 15. Fig. 16. Fig. 17. Fig. 18. Fig. 19. Fig. 20. Fig. 21. Fig. 22. Fig. 23. Fig. 24.
Fig. 25. Fig. 26. Fig. 27. Fig. 28. Fig. 29. Fig. 30. Fig. 31. Fig. 32. Fig. 33. Fig. 34. Fig. 35. Fig. 36.

Pieds.
1   2

Lucotte Del.

Benard Fecit.

Menuisier en Batiment, Profils.

Fig. 15.
Fig. 16.
Fig. 17.
Fig. 18.
Fig. 19.
Fig. 20.
Fig. 21.
Fig. 22.
Fig. 23.
Fig. 24.
Fig. 25.
Fig. 26.
Fig. 27.
Fig. 28.
Fig. 29.
Fig. 30.
Echelle du Lambris 6. pieds
Echelle des Profils 12. pouces
Lucotte del
Benard Fecit

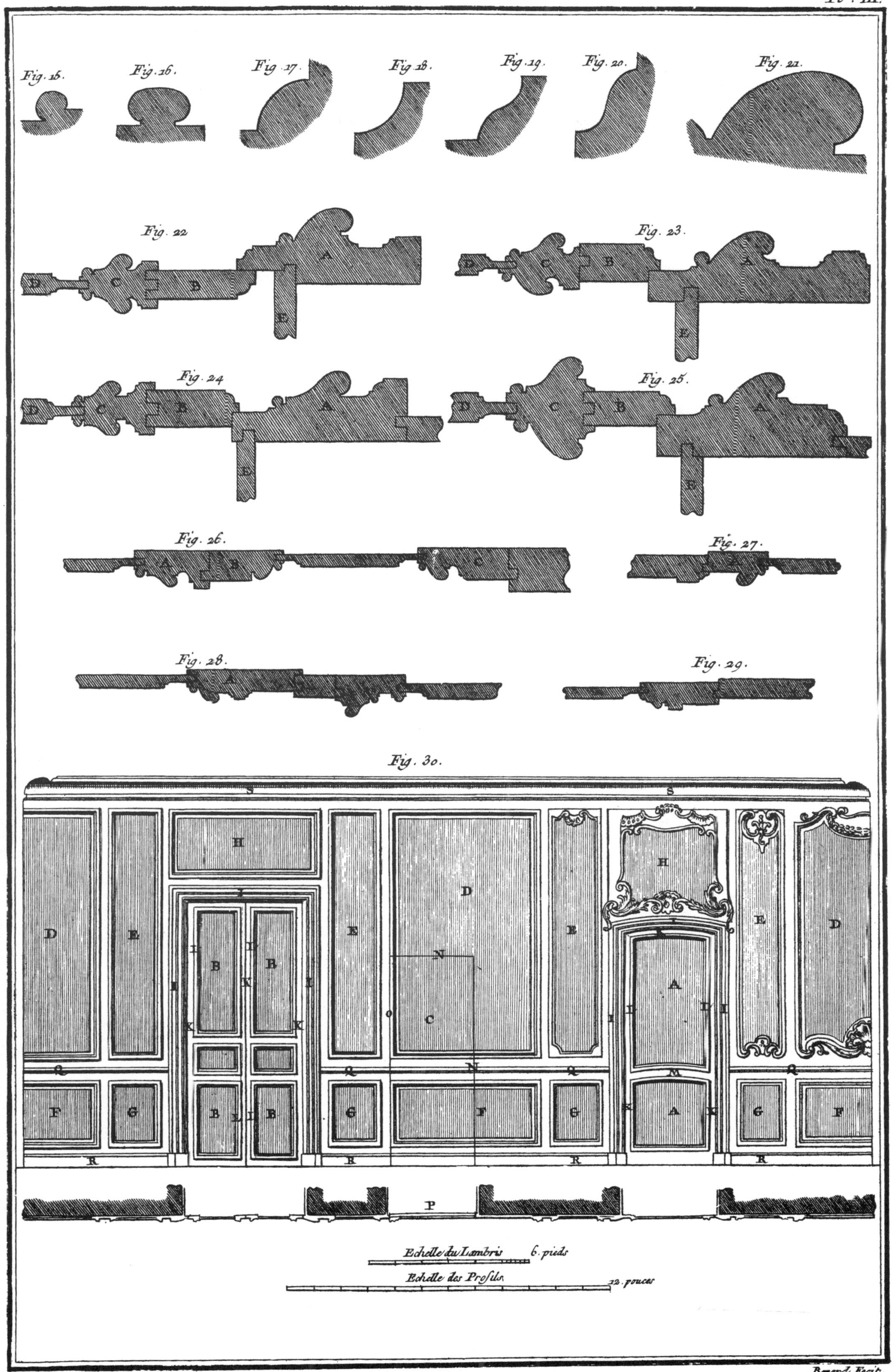

Menuiserie.

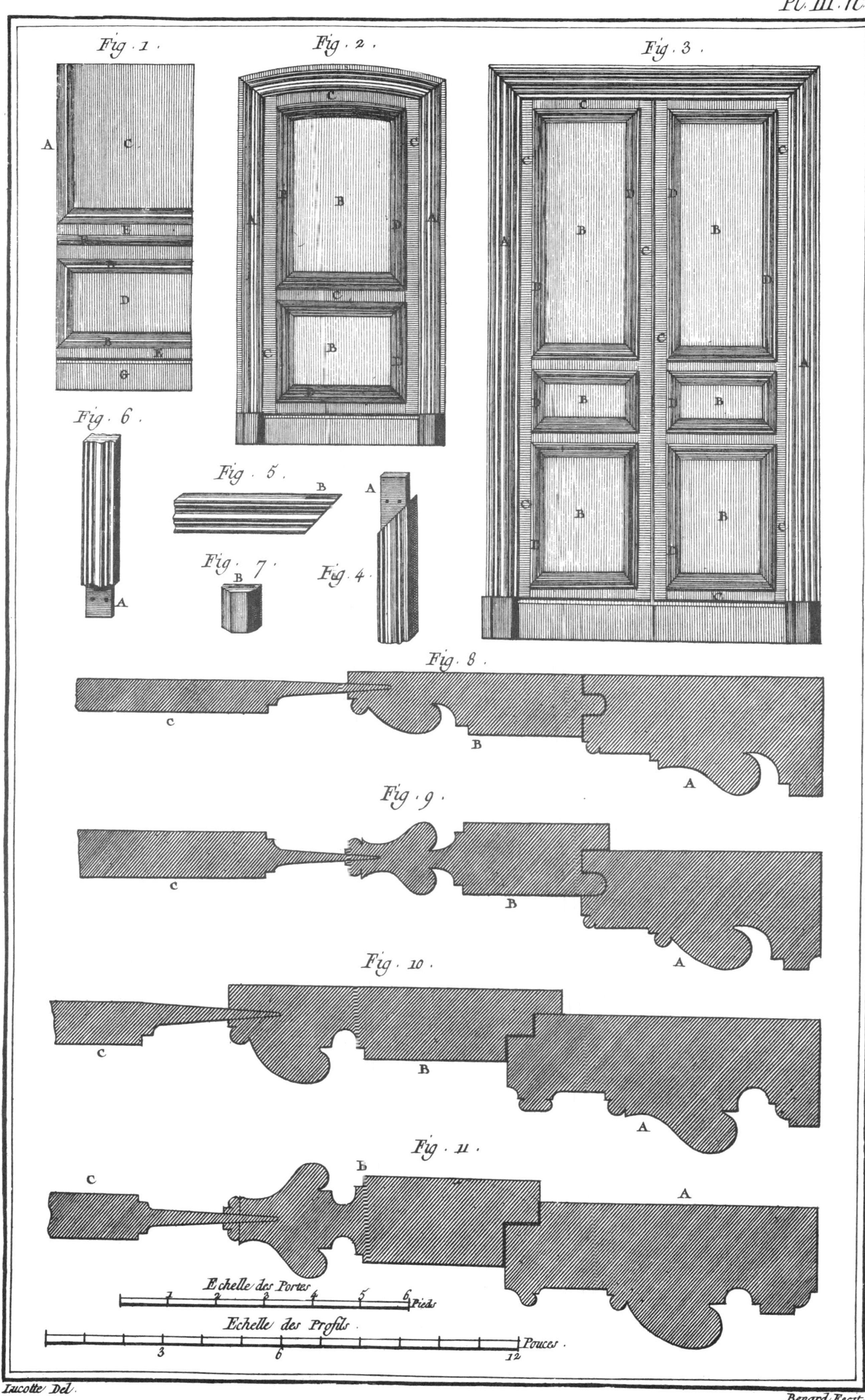

Lucotte Del.

Benard Fecit.

Menuisier en Batiment, Portes.

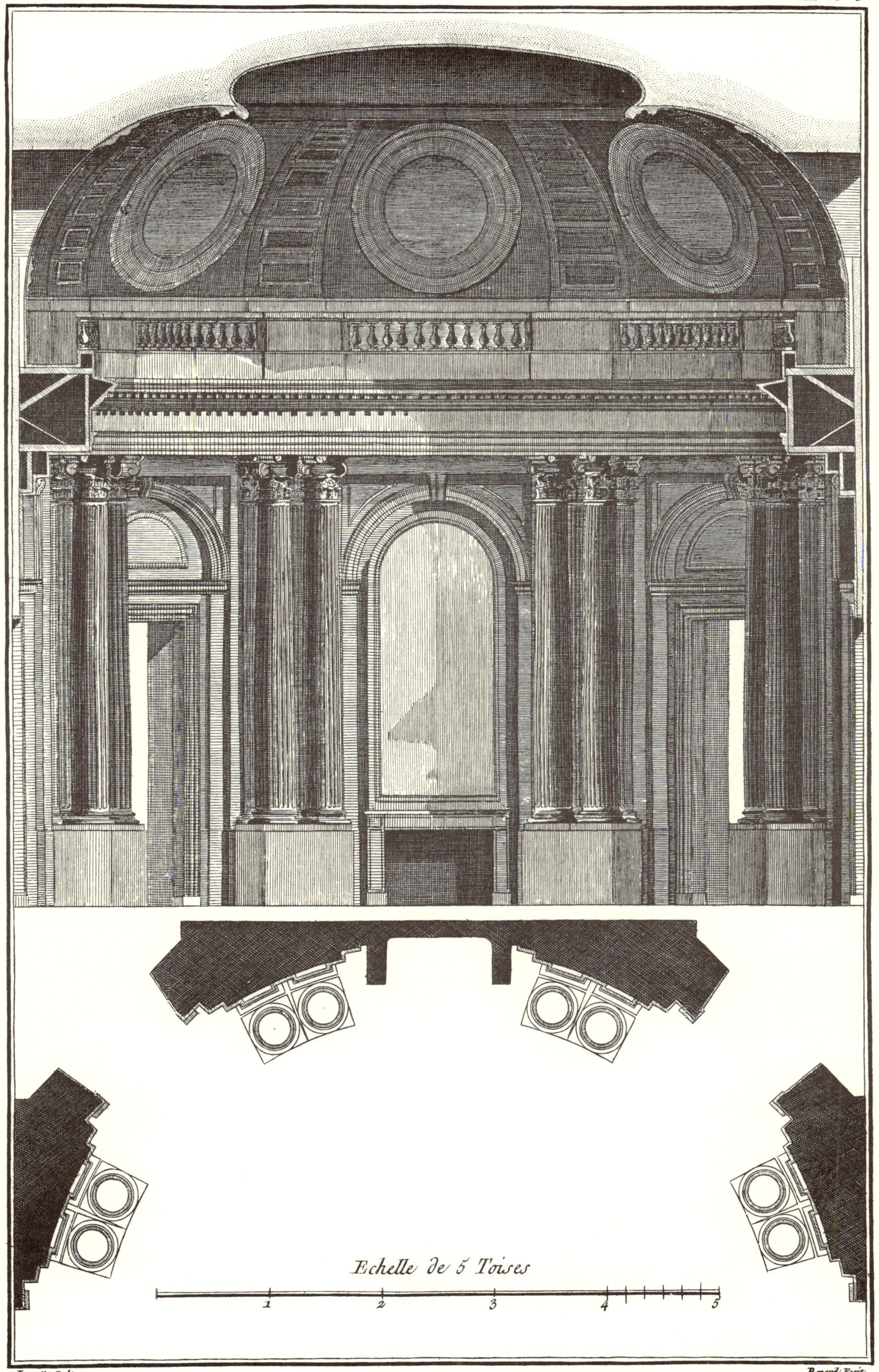

Menuisier en Batiment, Sallon.

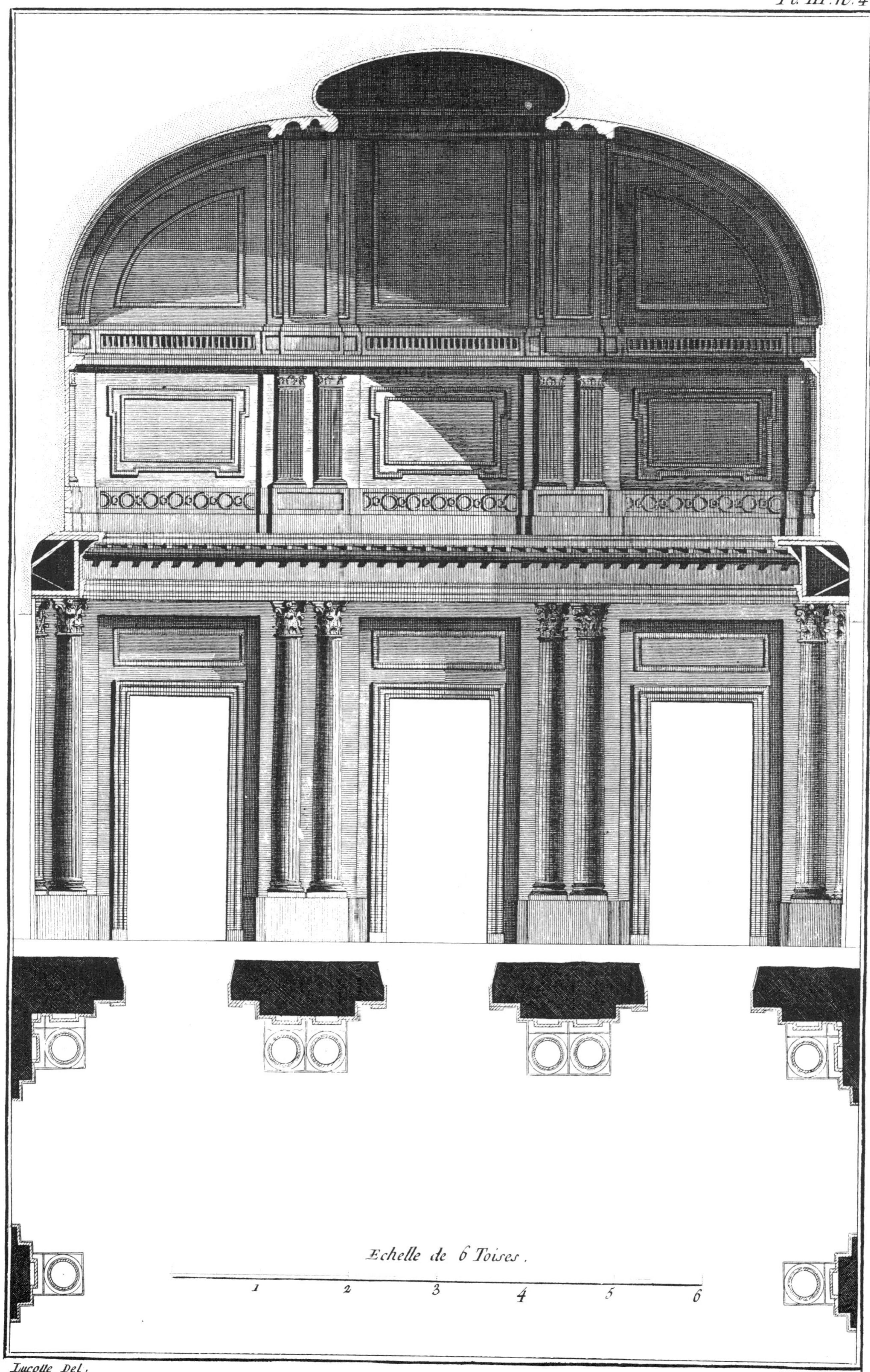

Echelle de 6 Toises.

1   2   3   4   5   6

Lucotte Del.

Benard Fecit.

Menuisier en Batiment, Sallon.

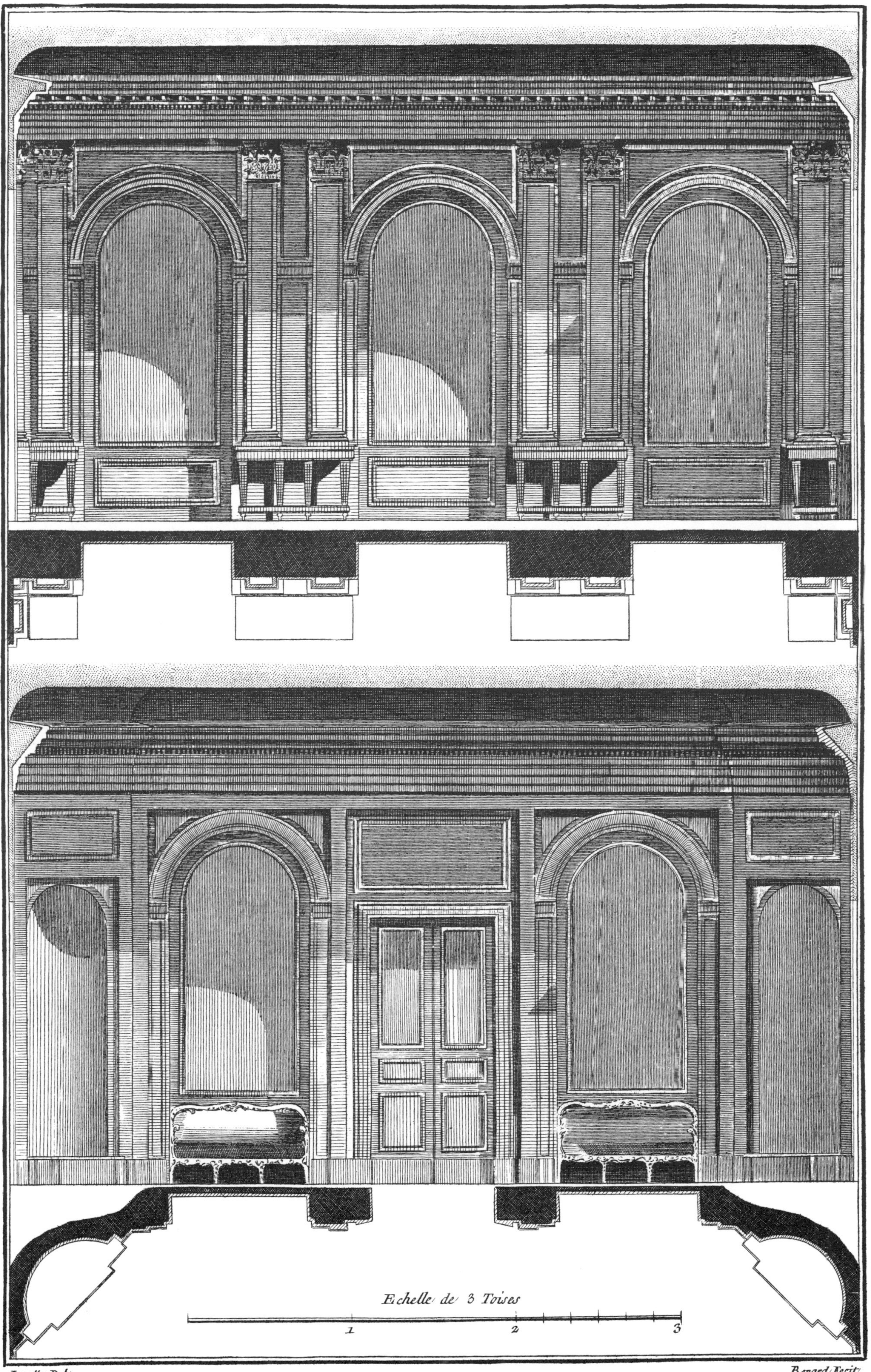

Menuisier en Batiment , Salle de compagnie .

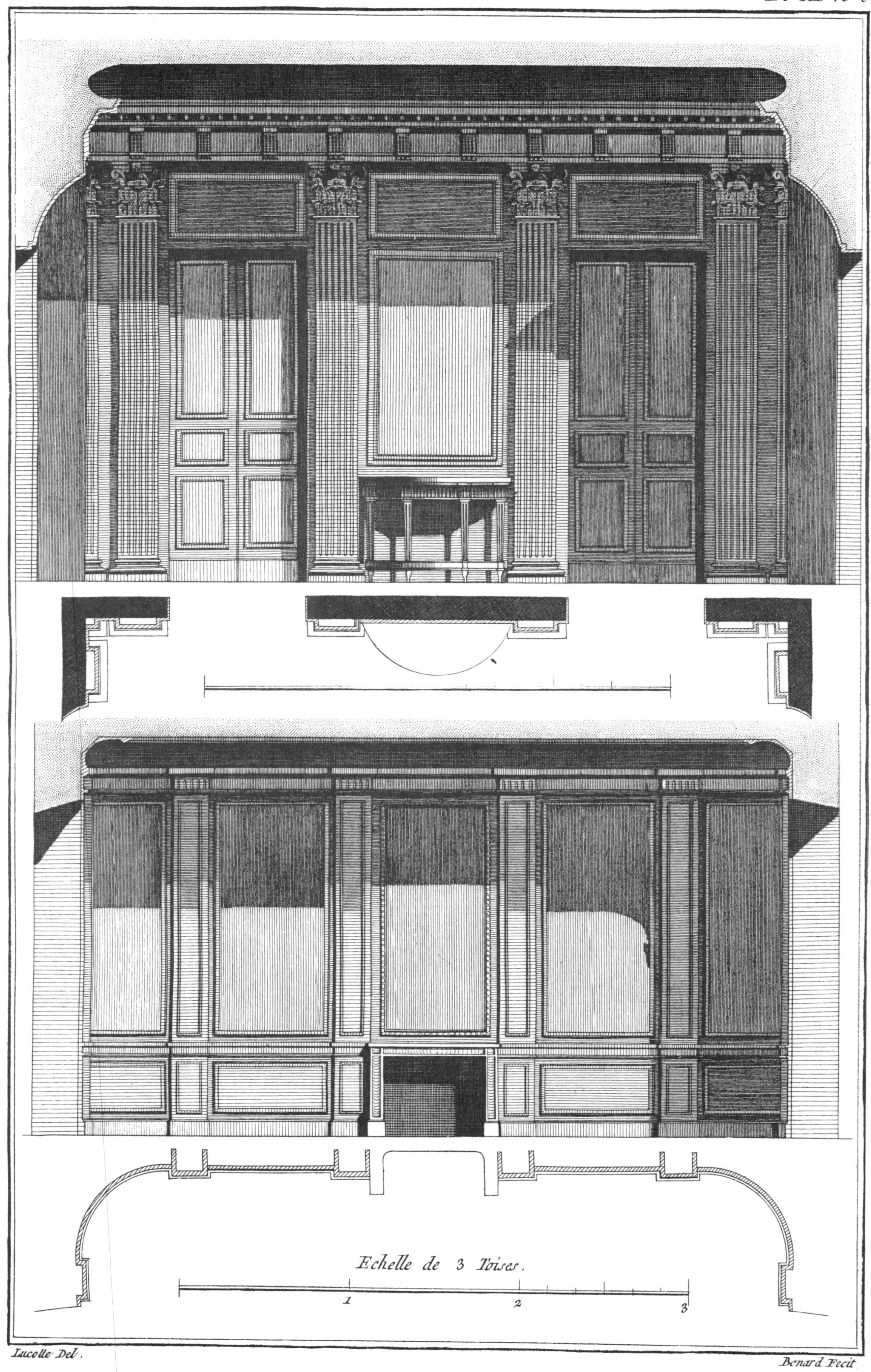

Menuisier en Batiment, Cabinet et Bibliotheque

Fig. 31.
Fig. 32.
Fig. 33.
Fig. 34.
Fig. 35.
Fig. 36.
Fig. 37.
Fig. 38.
Fig. 39.
Fig. 40.
Fig. 41.
Echelles des Portes
6 Pieds
Echelles des Profils
12 Pouces
Lucotte del.
Benard Fecit.

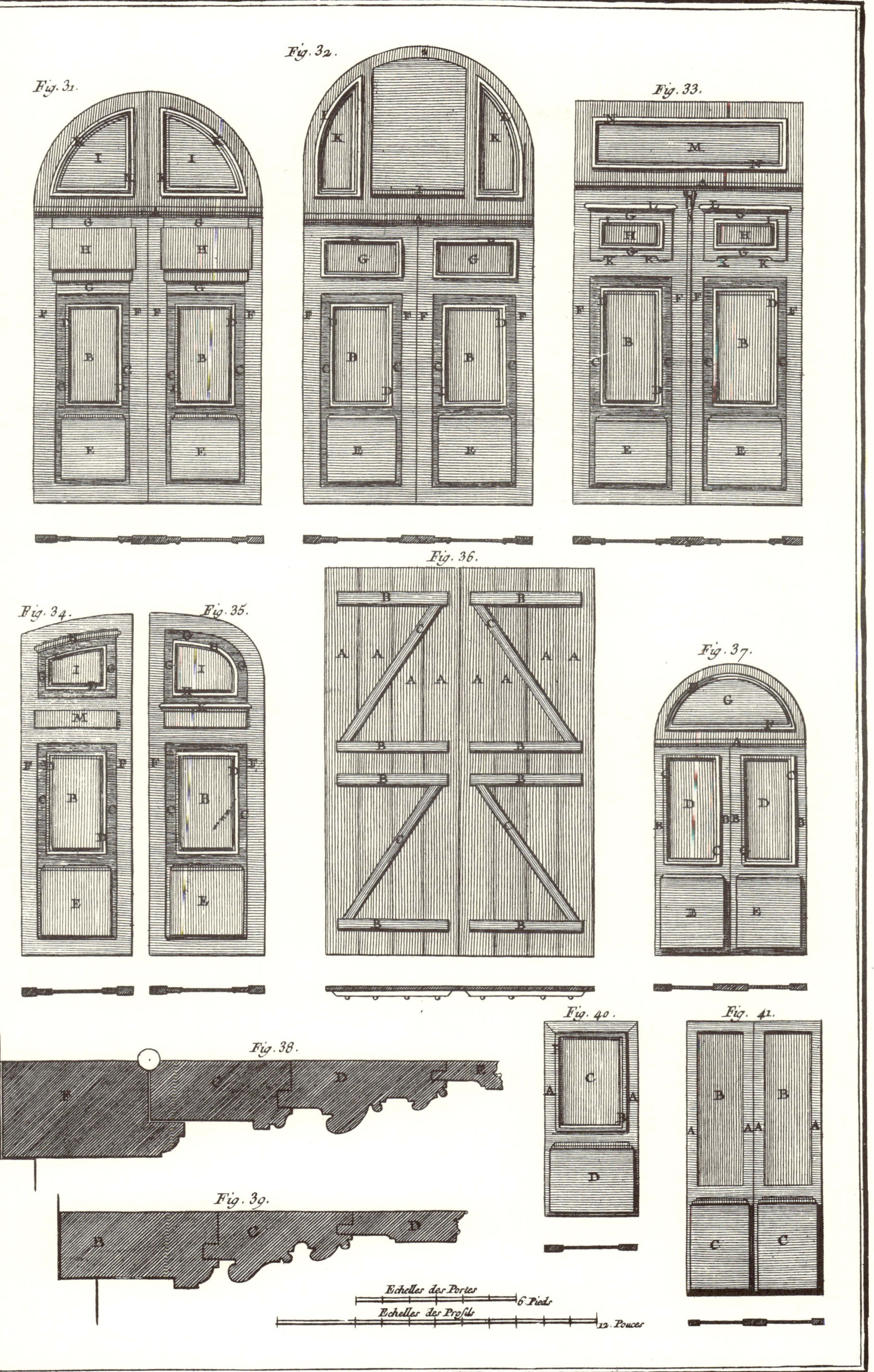

Menuiserie.

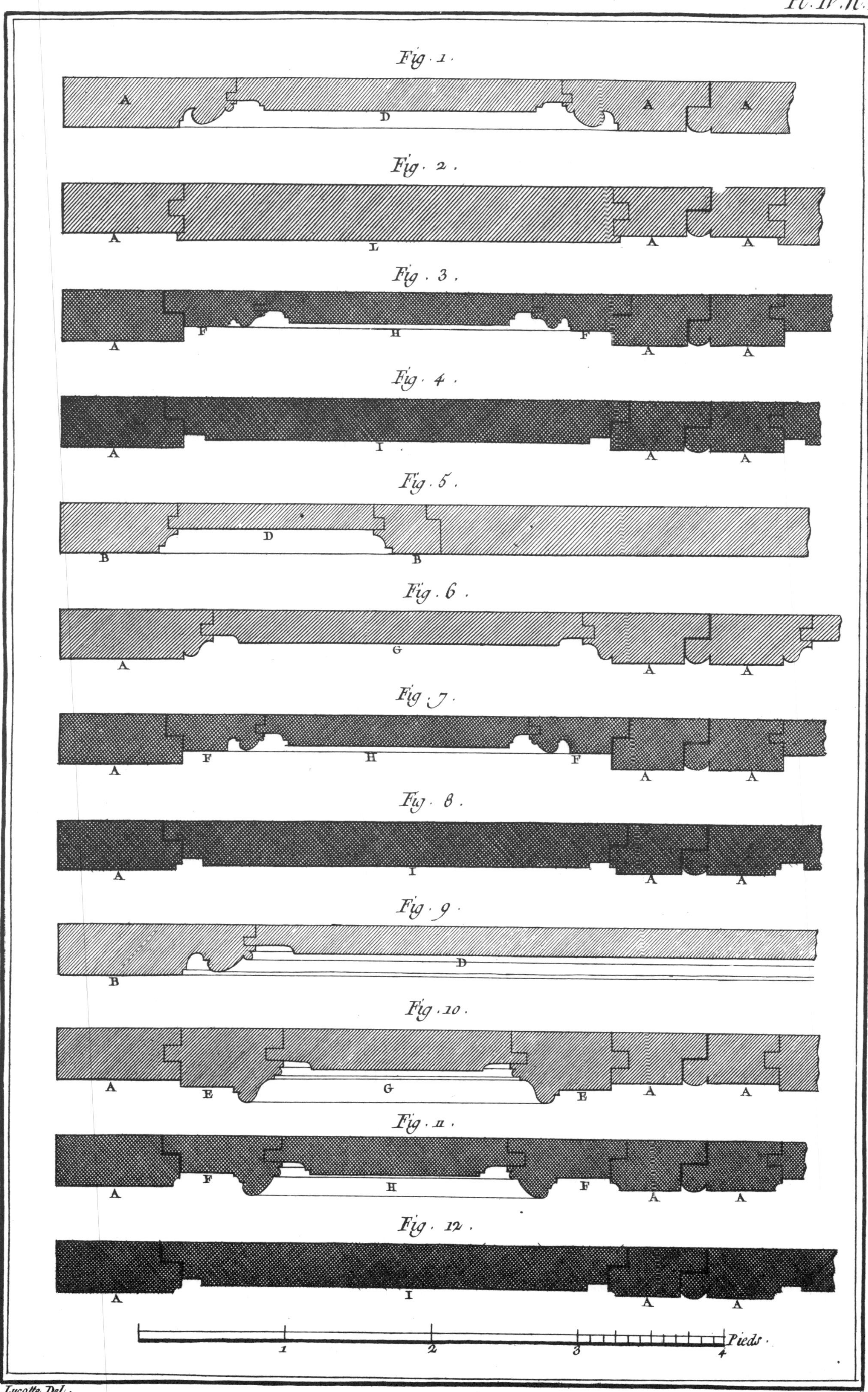

Menuisier en Batiment, Plans des Portes Cocheres.

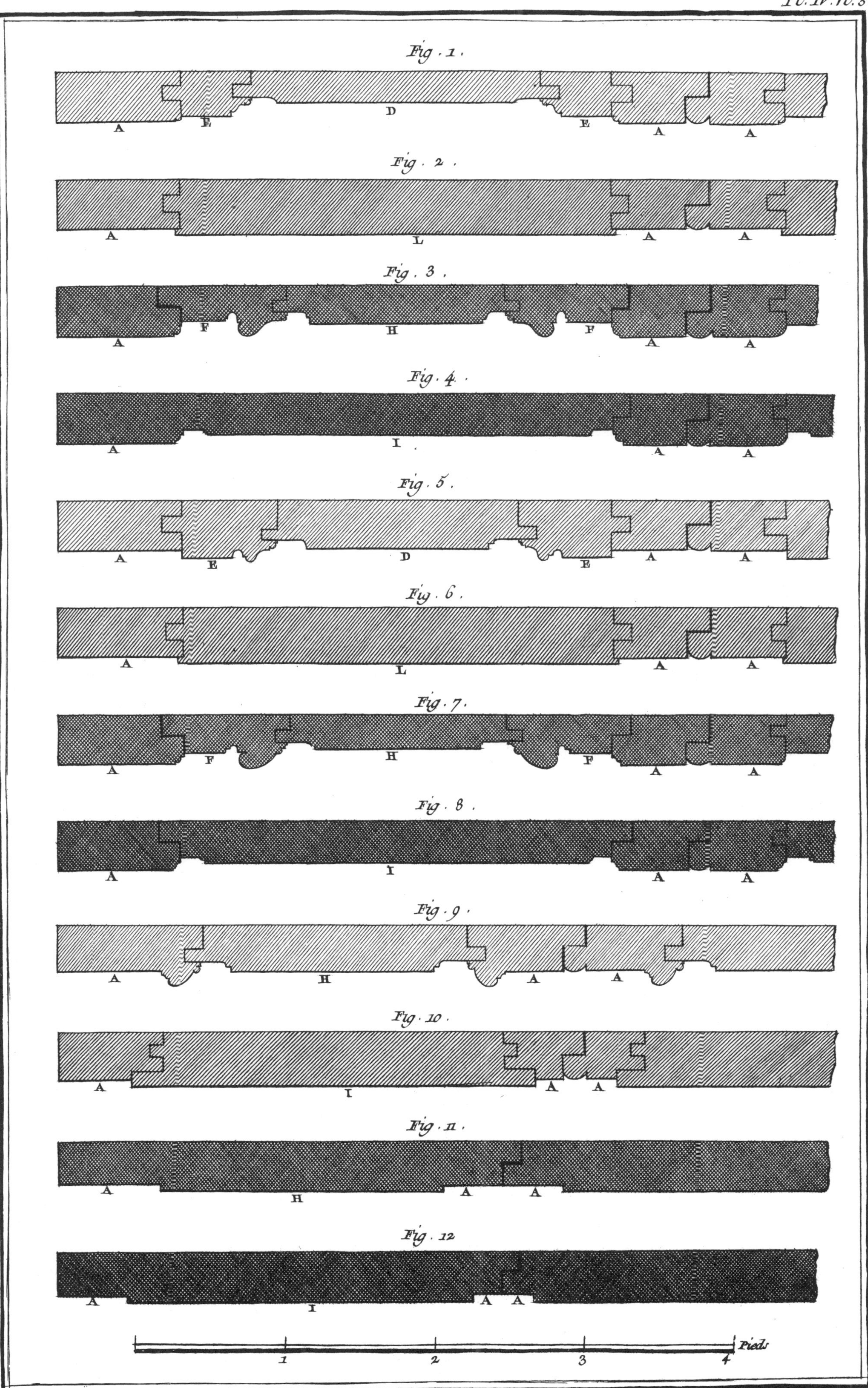

Menuisier *en Batiment, Plans des Portes Cocheres.*

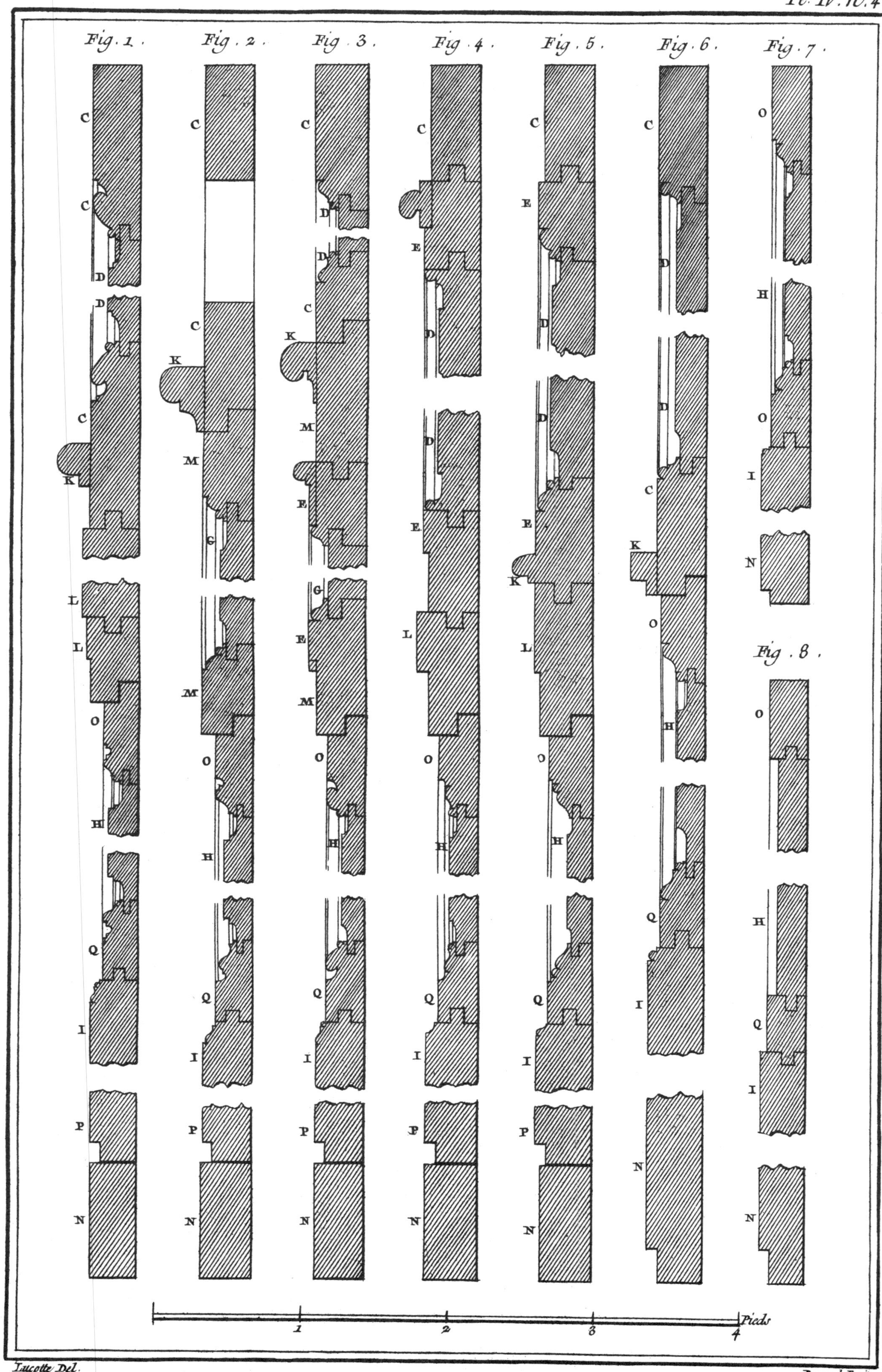

Menuisier en Batiment, Profils des Portes Cocheres.

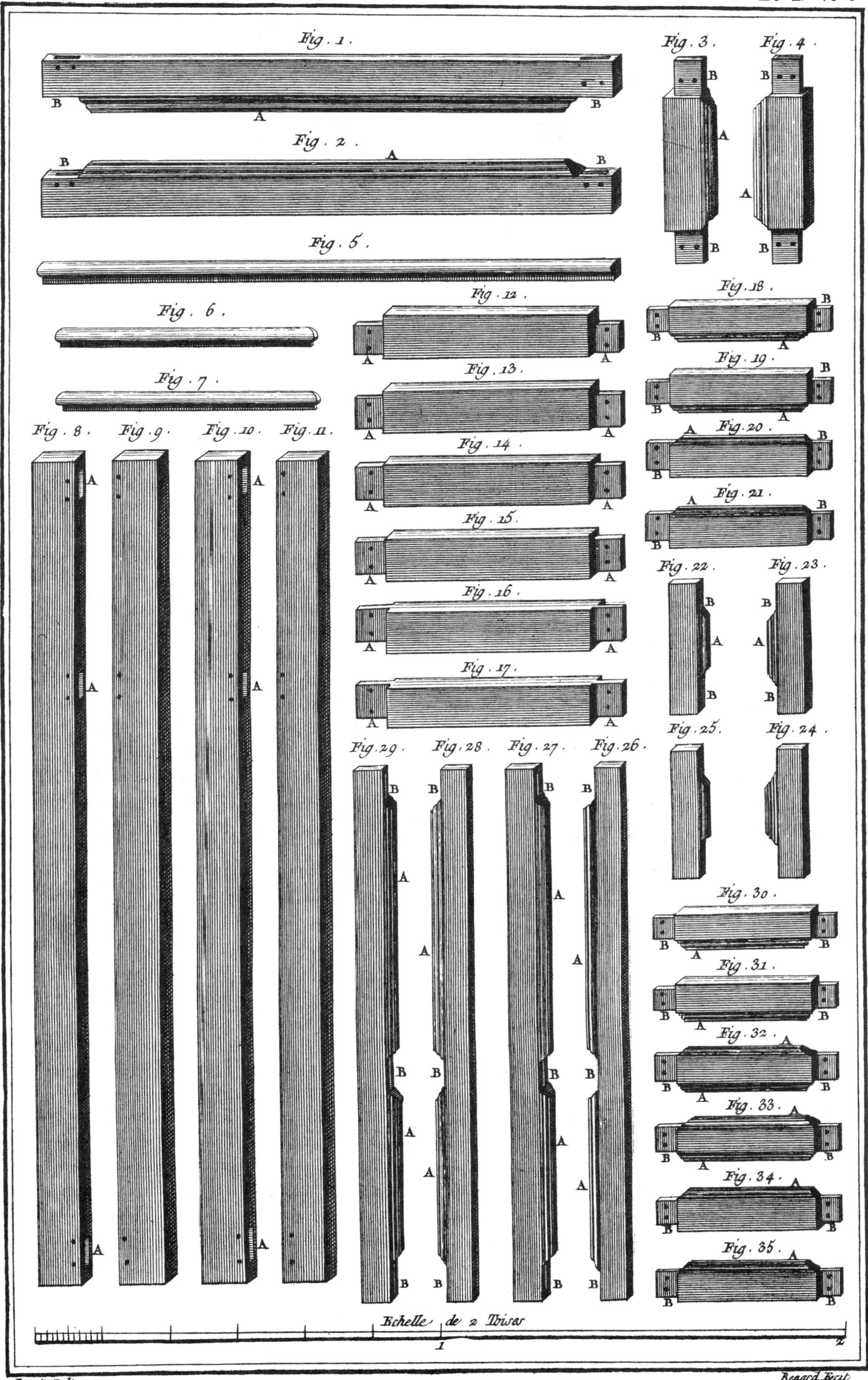

Menuisier en Batiment, Détails d'une Porte Cochere

Pl. V
fig. 42.
fig. 45.   fig. 44.   fig. 43.
fig. 46.
fig. 49.
fig. 47.
fig. 48.
Echelle des Portes.
1 2 3 4 5 6 Pieds
Echelle de la Croisée.
1   2   3   4   5   6 Pieds
Echelle des Profils.
1 2 3 4 5 6 7 8 9 10 11 12 Pouces
Lucotte del.
Benard Fecit.

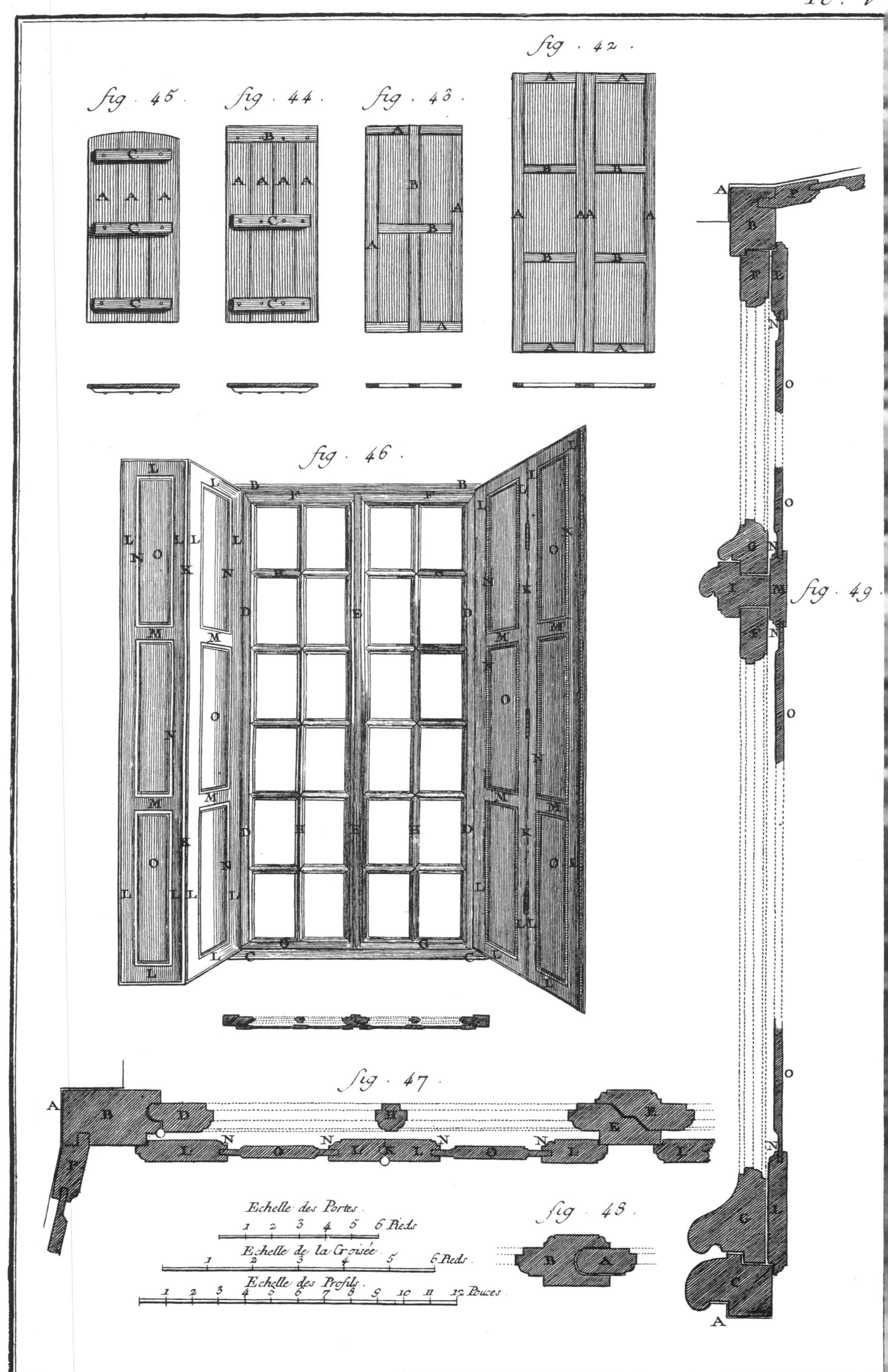

Menuiserie.

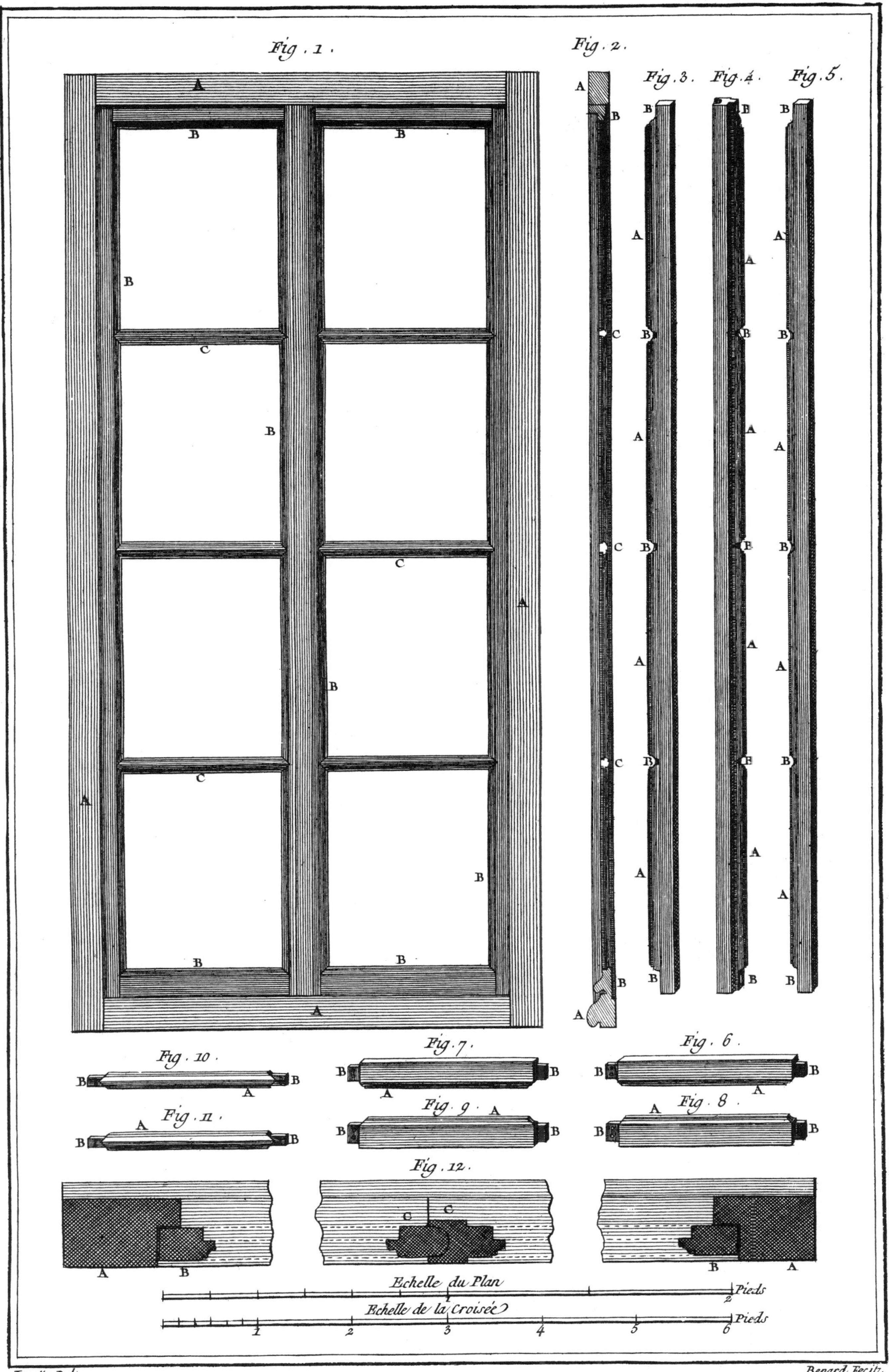

Menuisier en Batiment, Croisée à Verres ou Glaces.

fig. 55.
fig. 52.
fig. 50.
fig. 56.
fig. 51.
fig. 54.
fig. 53.
fig. 59.
fig. 58.
fig. 57.
Trucotte del.
Benard Fecit.
Echelle des Profils.
1 2 3 4 5 6 Pieds.
12 Pouces.

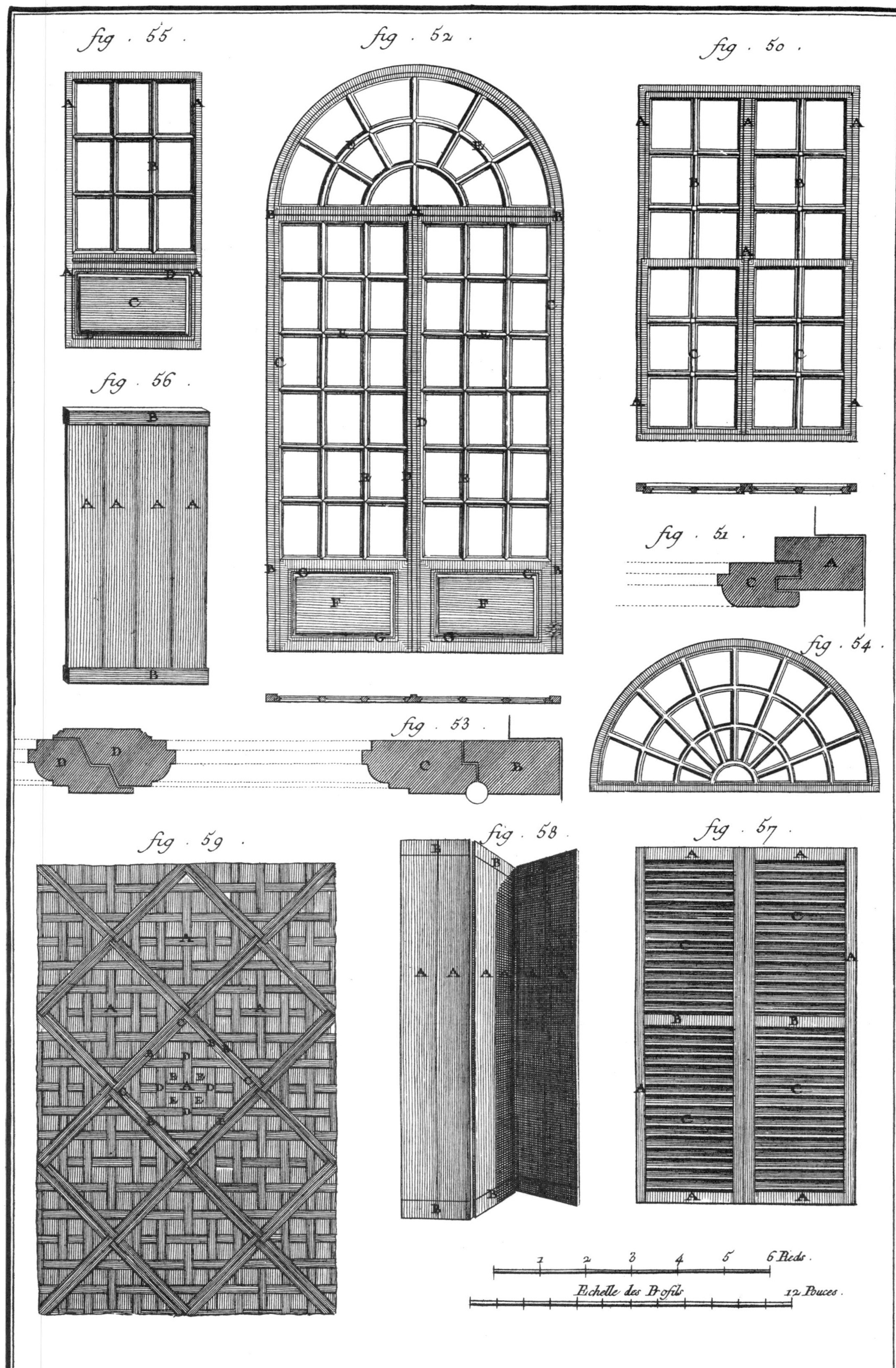

Menuiserie.

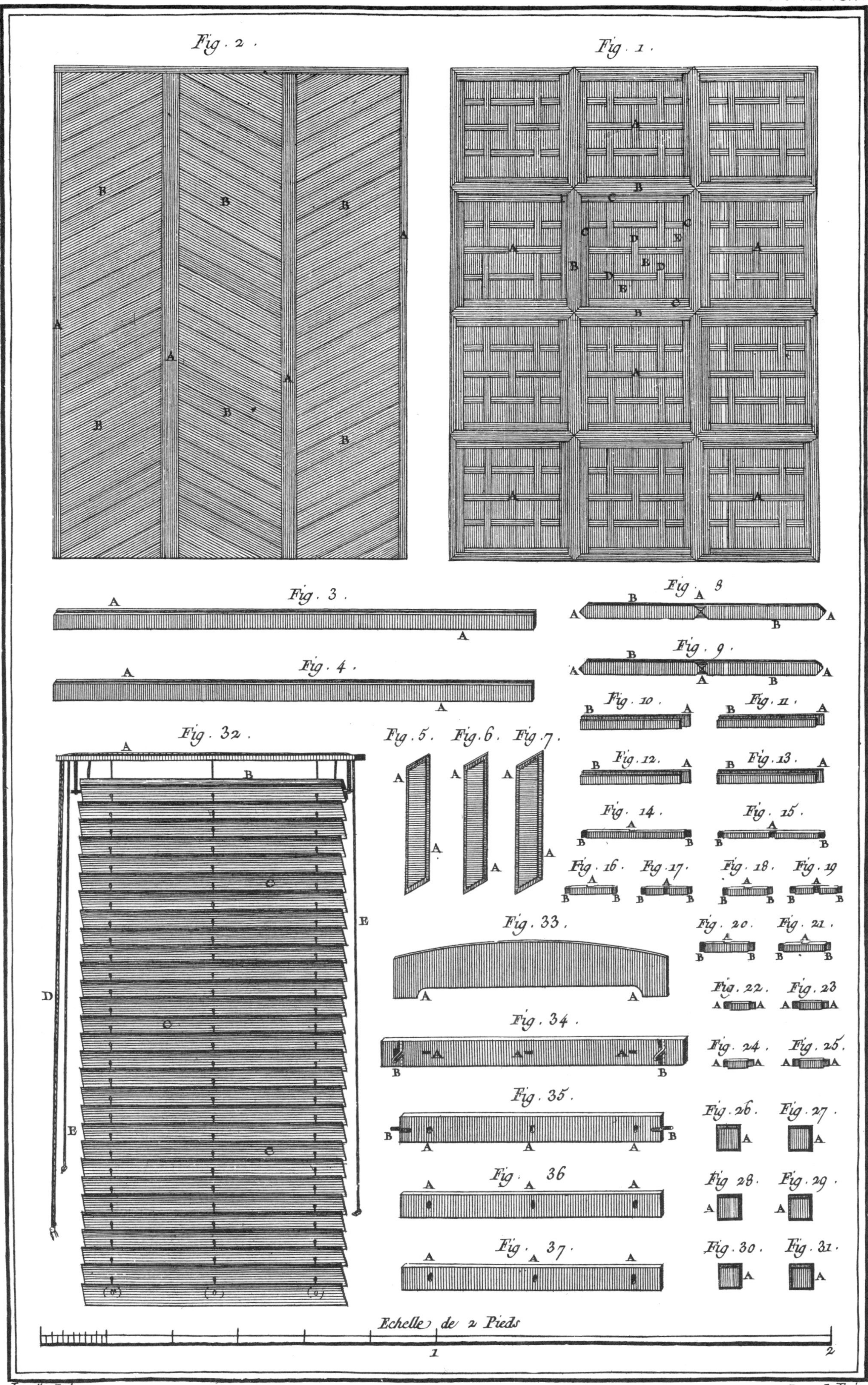

Menuisier *en Batiment, Parquets et Jalousies.*

fig . 60 .
fig . 61 .
fig . 62 .
fig . 63 .
fig . 64 .
fig . 65 .
fig . 66 .
fig . 67 .
fig . 68 .
fig . 69 .
fig . 70 .
fig . 71 .
fig . 72 .
fig . 73 .
fig . 74 .
fig . 75 .
fig . 76 .
fig . 77 .
fig . 78 .
fig . 79 .
fig . 80 .
fig . 81 .
fig . 82 .
fig . 83 .
fig . 84 .
fig . 85 .
fig . 86 .
fig . 87 .
fig . 88 .
fig . 89 .
fig . 90 .
fig . 91 .
Echelle des Outils .
1
2
3 Pieds .
Lucotte del.
Benard Sculp.

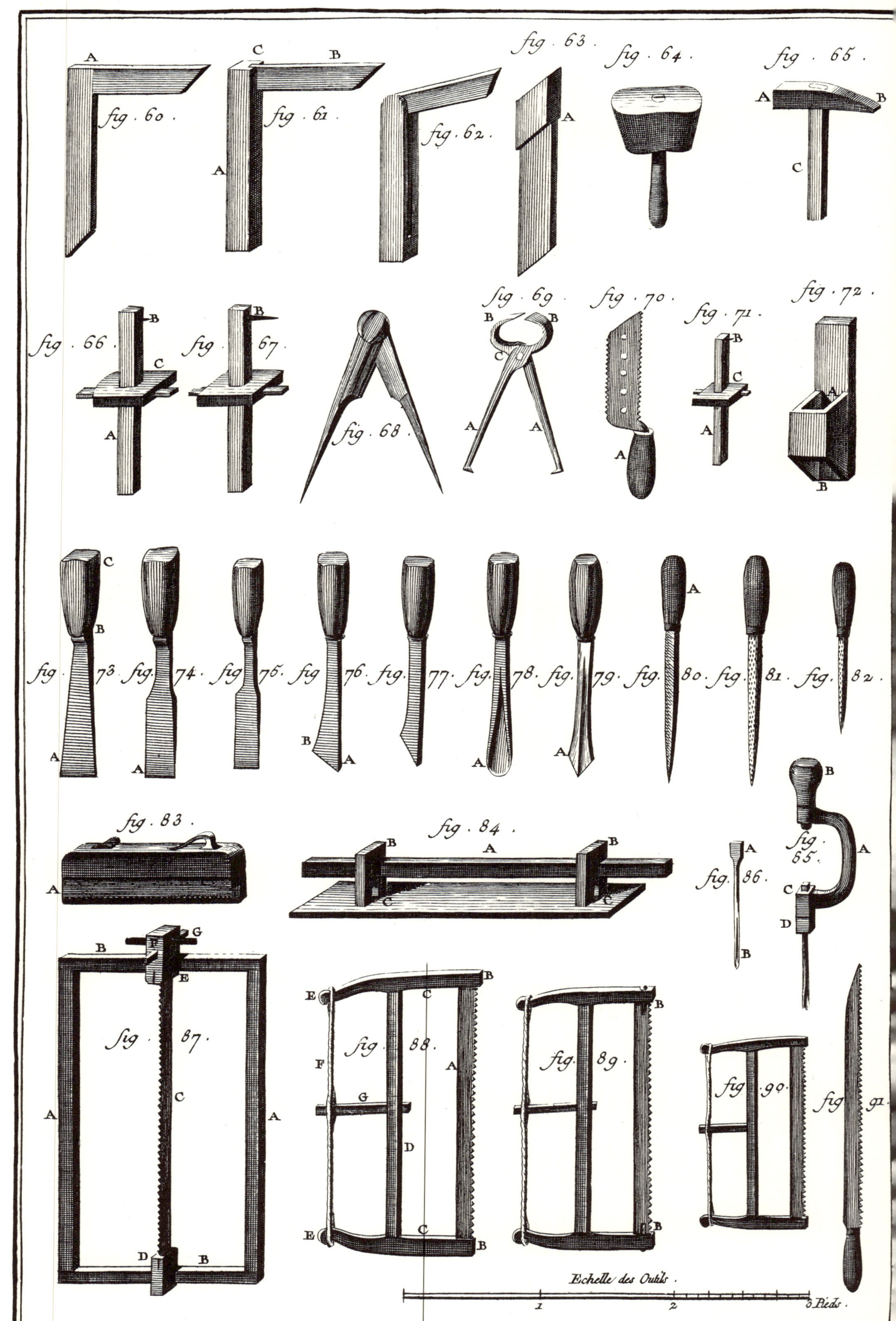

Menuiserie.

fig . 92 .
fig . 93 .
fig . 94 .
fig . 95 .
B
A
fig . 96 .
fig . 97 .
fig . 98 .
fig . 99 .
fig . 100 .
fig . 101 .
fig . 102 .
fig . 103 .
fig . 104 .
fig . 105 .
fig . 106 .
fig . 107 .
fig . 108 .
A
B
fig . 109 .
D
D
B
A
C
fig . 110 .
fig . 111 .
B
B
A
fig . 112 .
fig . 113 .
fig . 114 .
fig . 115 .
fig . 116 .
fig . 117 .
fig . 118 .
fig . 119 .
fig . 120 .
fig . 121 .
B
A
B
fig . 122 .
A
F
B
D
C
E
fig . 123 .
A
fig . 124 .
F
E
A
B
B
G
C
C
C
C
A
fig . 125 .
A
B

icolle del
Benard Fecit.

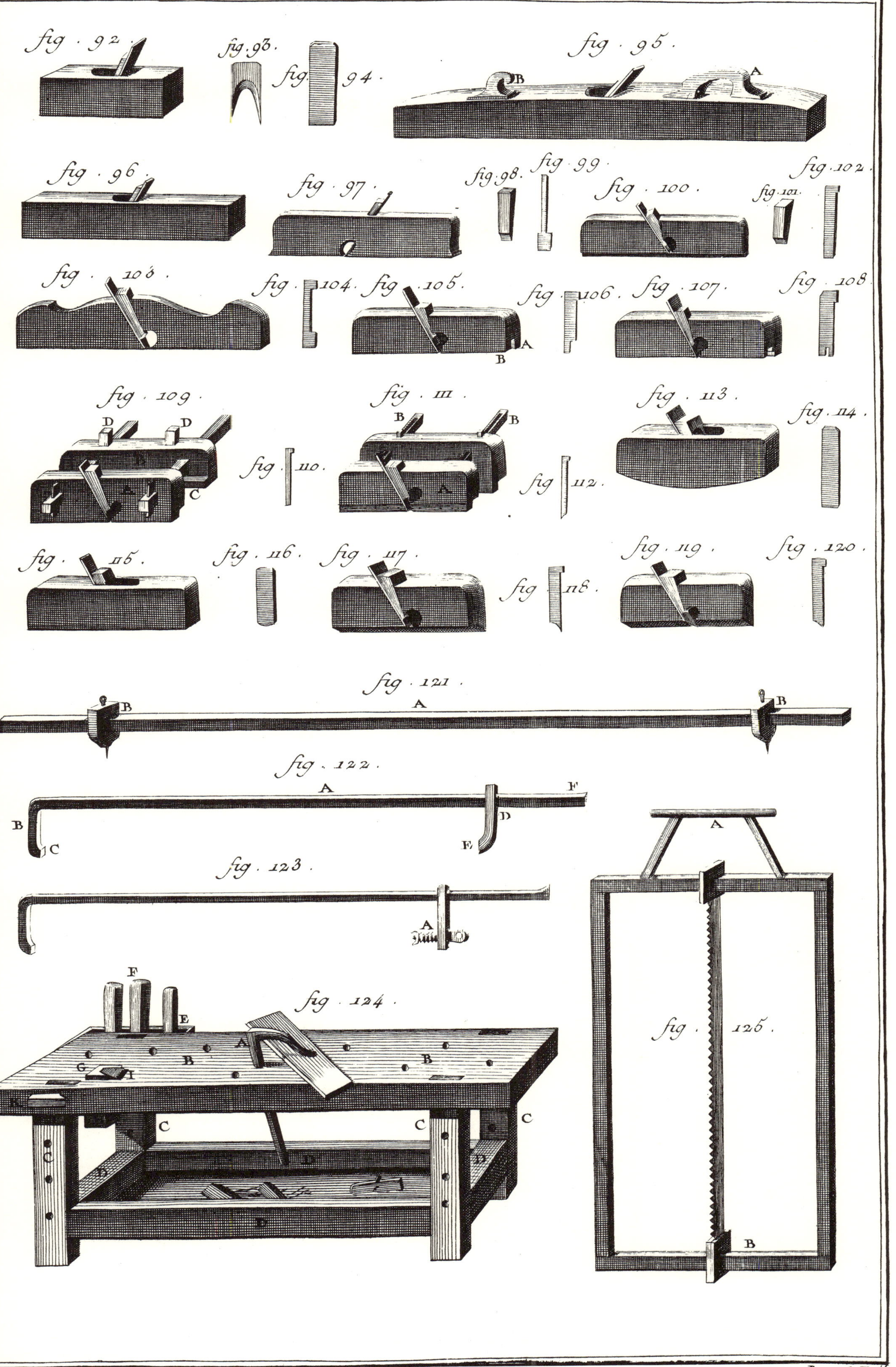

Menuiserie.

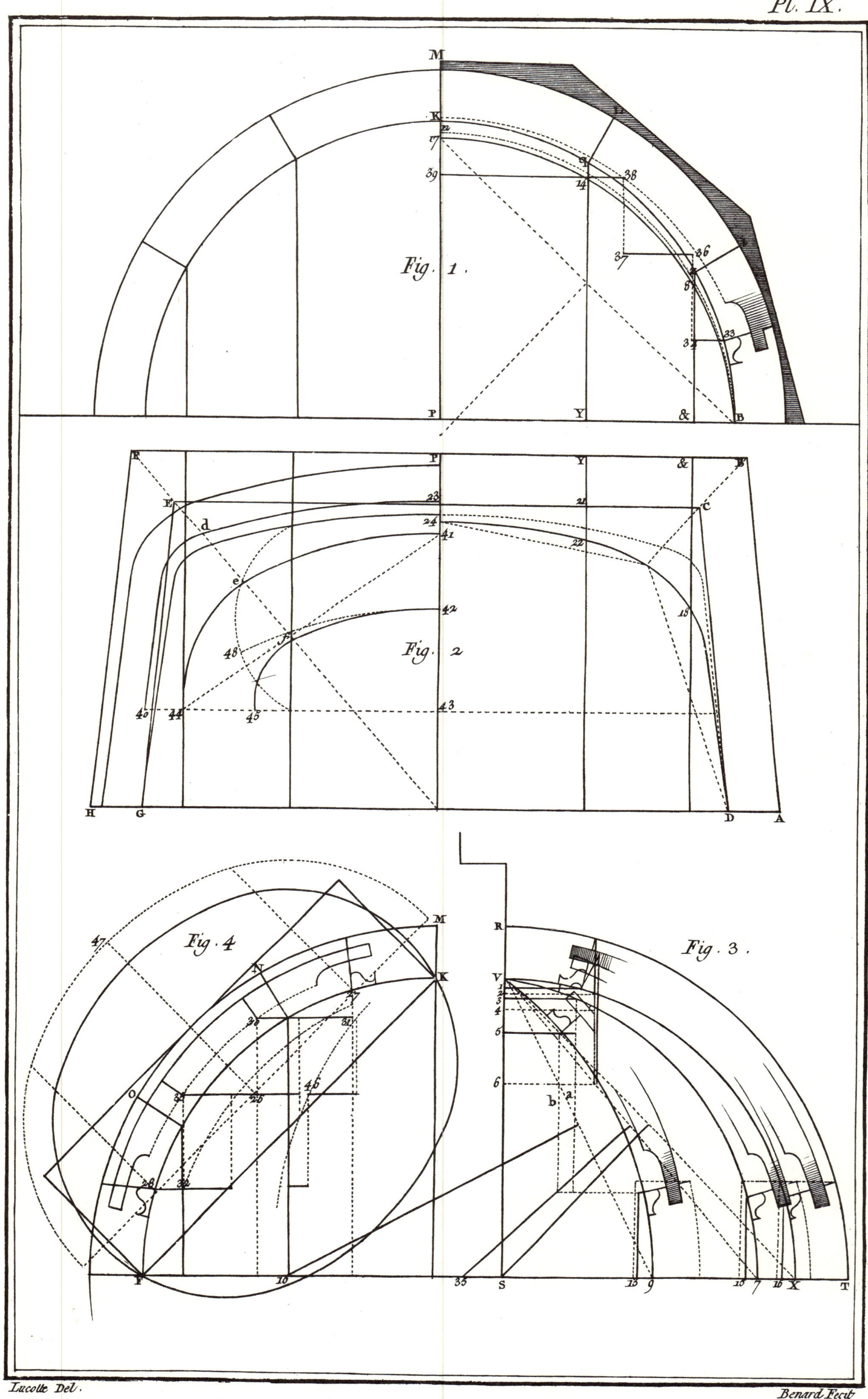

Menuisier *en Batiment, Coupe des Bois.*
Arriere Voussure St Antoine plein ceintre.

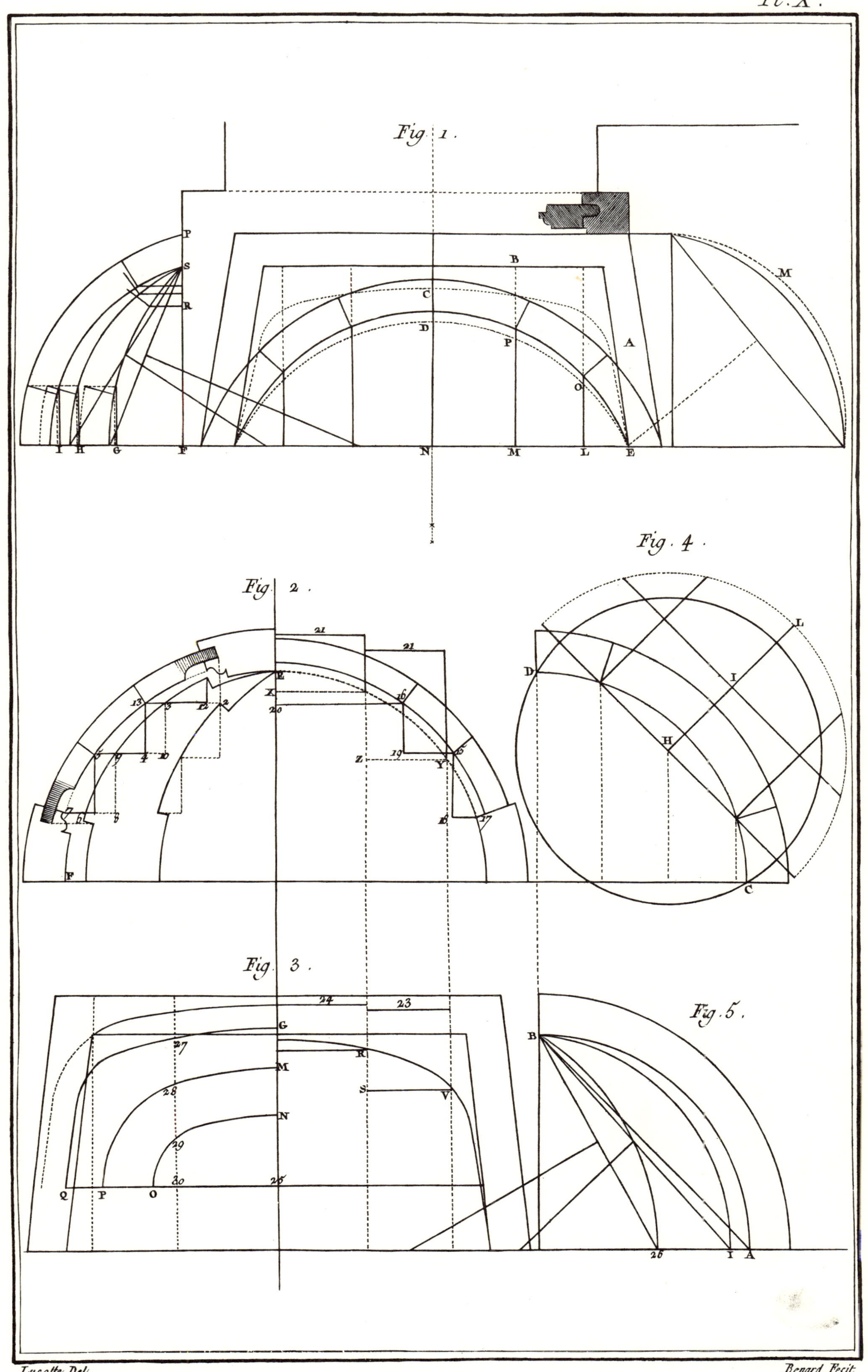

Menuisier *en Batiment, Coupe des Bois.*
Arriere Voussure St. Antoine surbaissée.

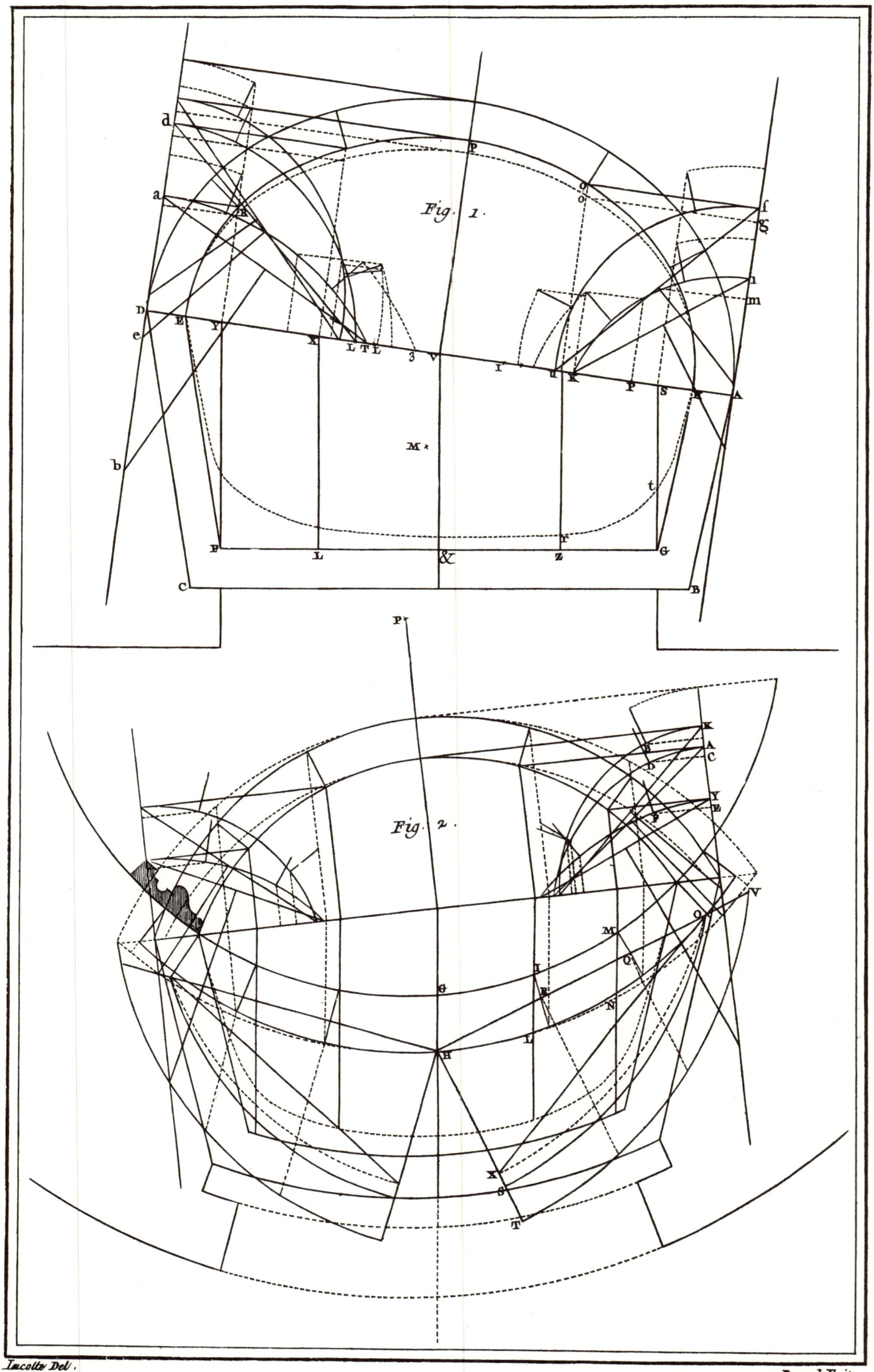

Menuisier en Batiment, Coupe des Bois.

1.ere Fig. arriere Voussure St Antoine biaise. 2.e Fig. sur différens ceintres en plan.

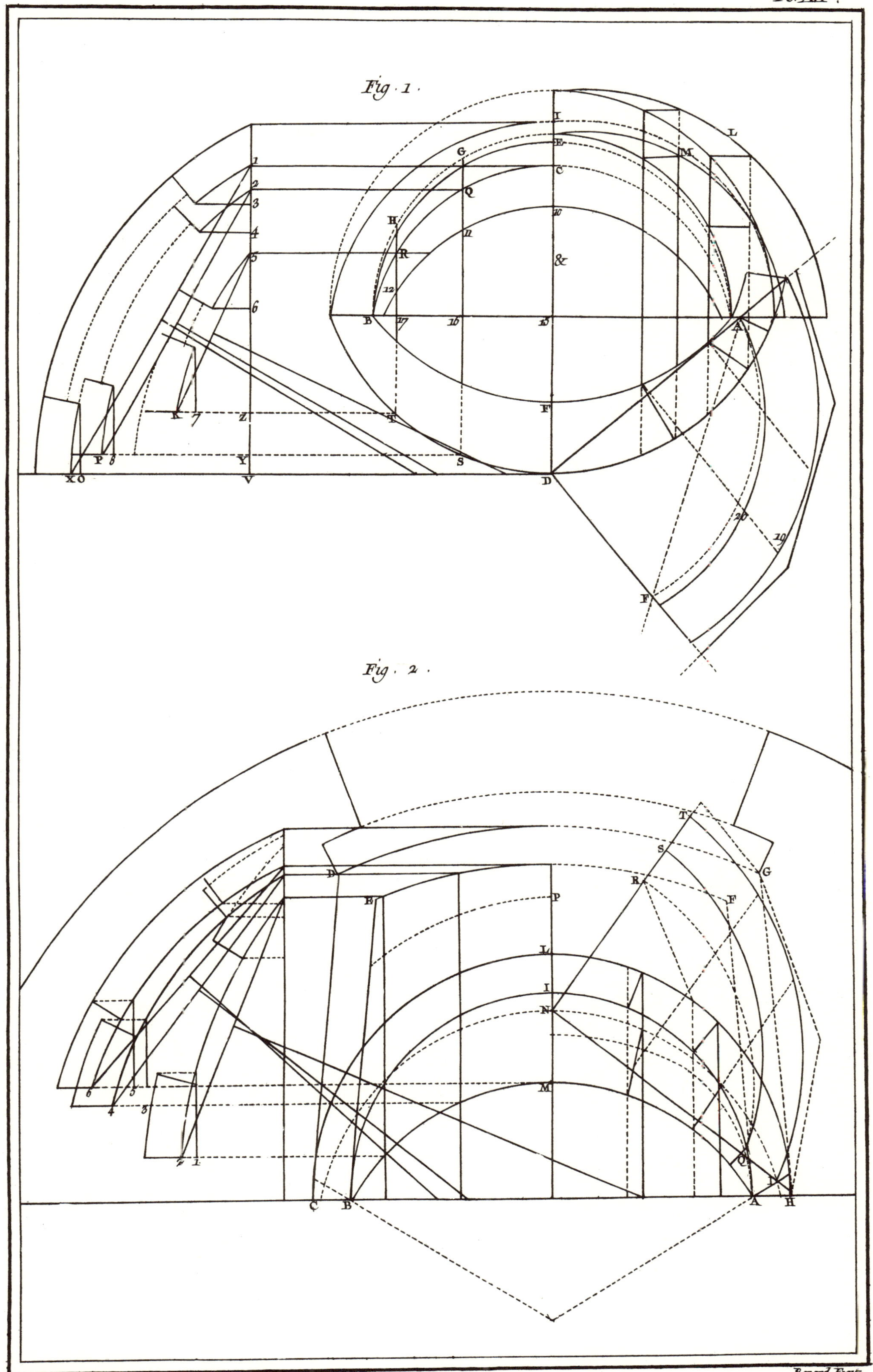

Lucotte Del.

Benard Fecit.

Menuisier en Batiment, Coupe des Bois. 1ʳᵉ Fig. Arriere Voussure St. Antoine ceintrée sur plan concave formant tour ronde par devant. 2ᵉ. Fig. idem en tour ronde par dehors et en tour creuse par dedans.

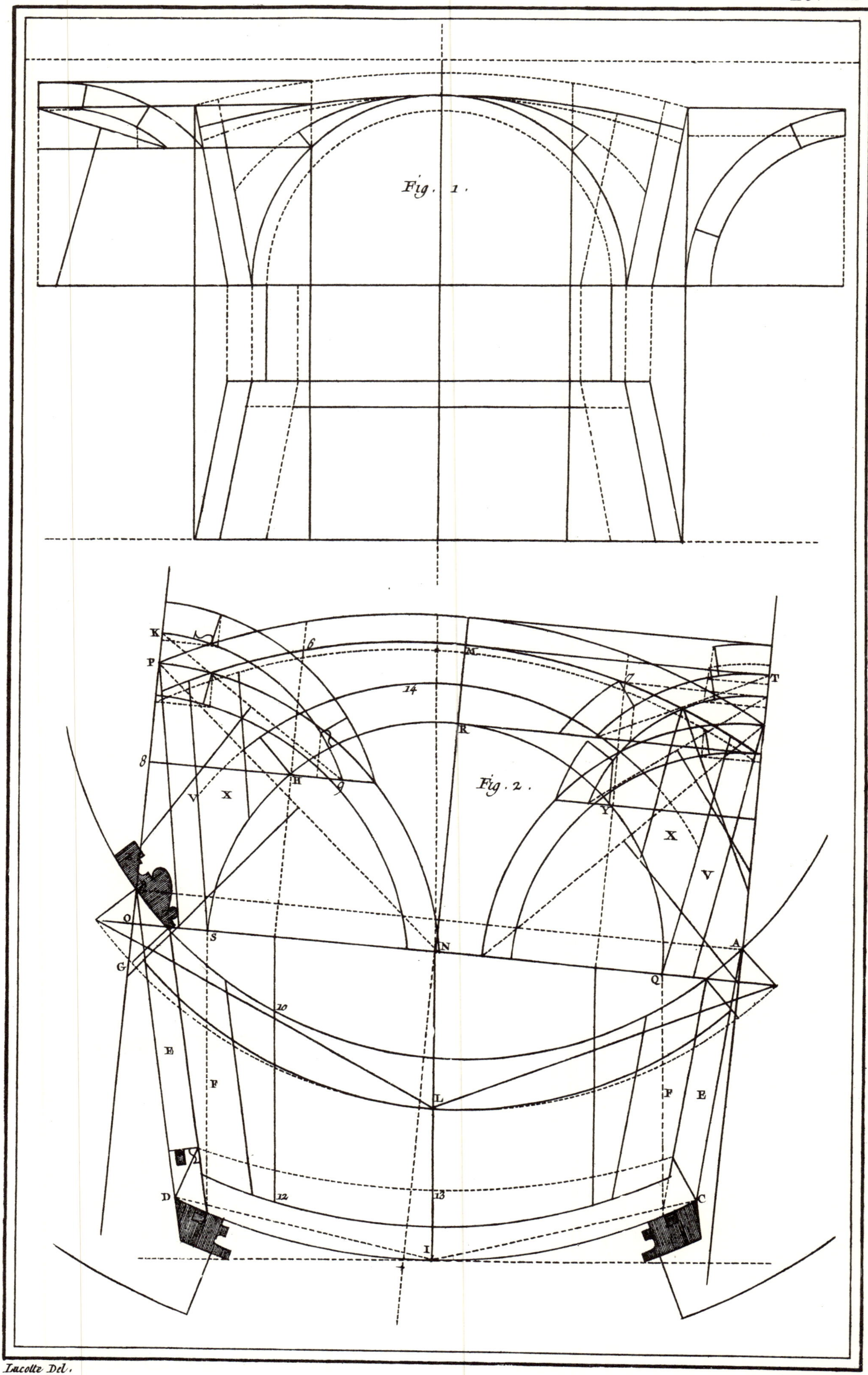

Lacotte Del.

Benard Fecit

Menuisier en Batiment, Coupe des Bois.
Arriere Voussure de Marseille biaise ceintrée en tour creuse en plan.

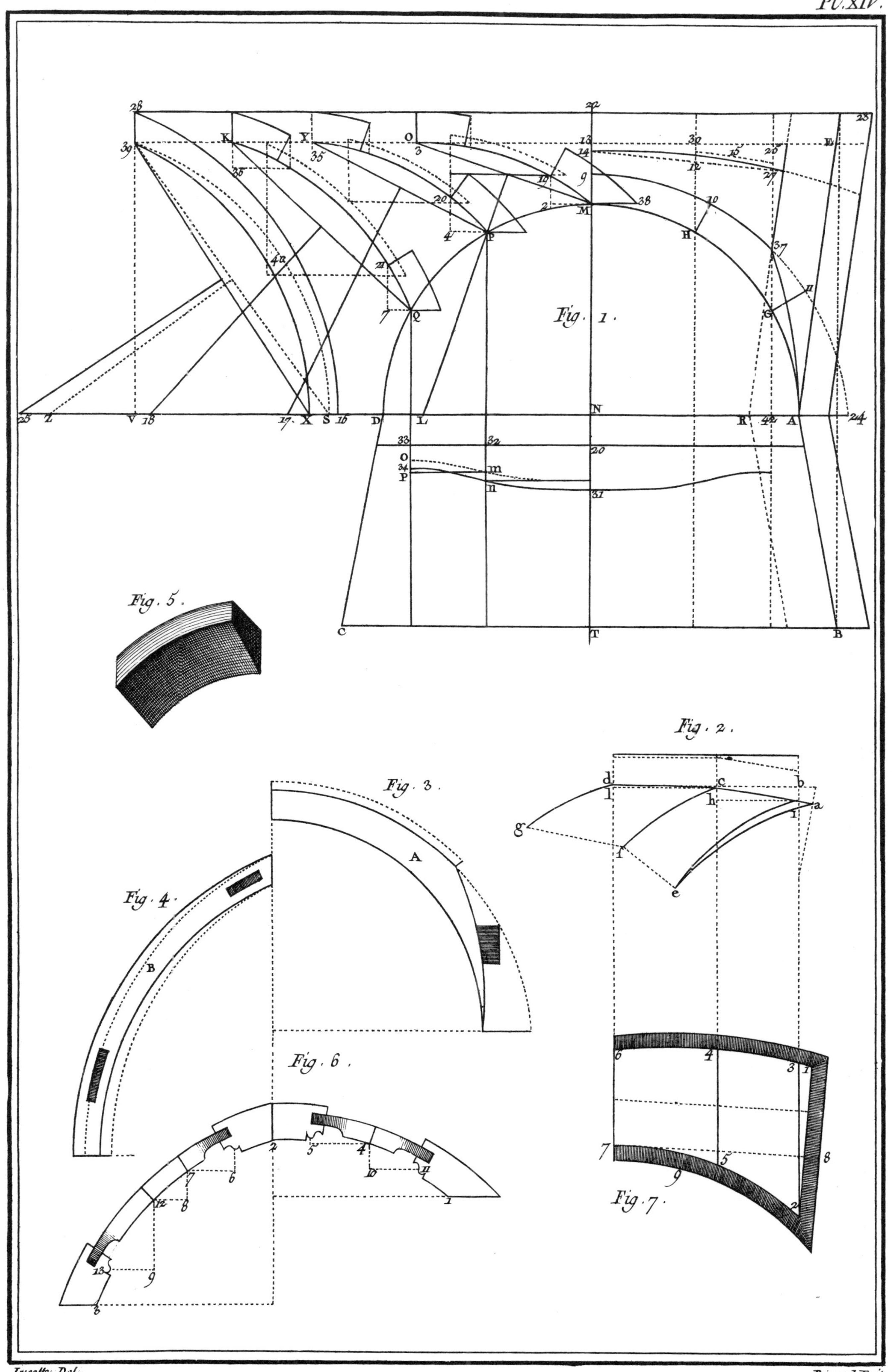

Menuisier *en Batiment, Coupe des Bois.*

Arriere Voussure de Marseille sur l'angle obtus.

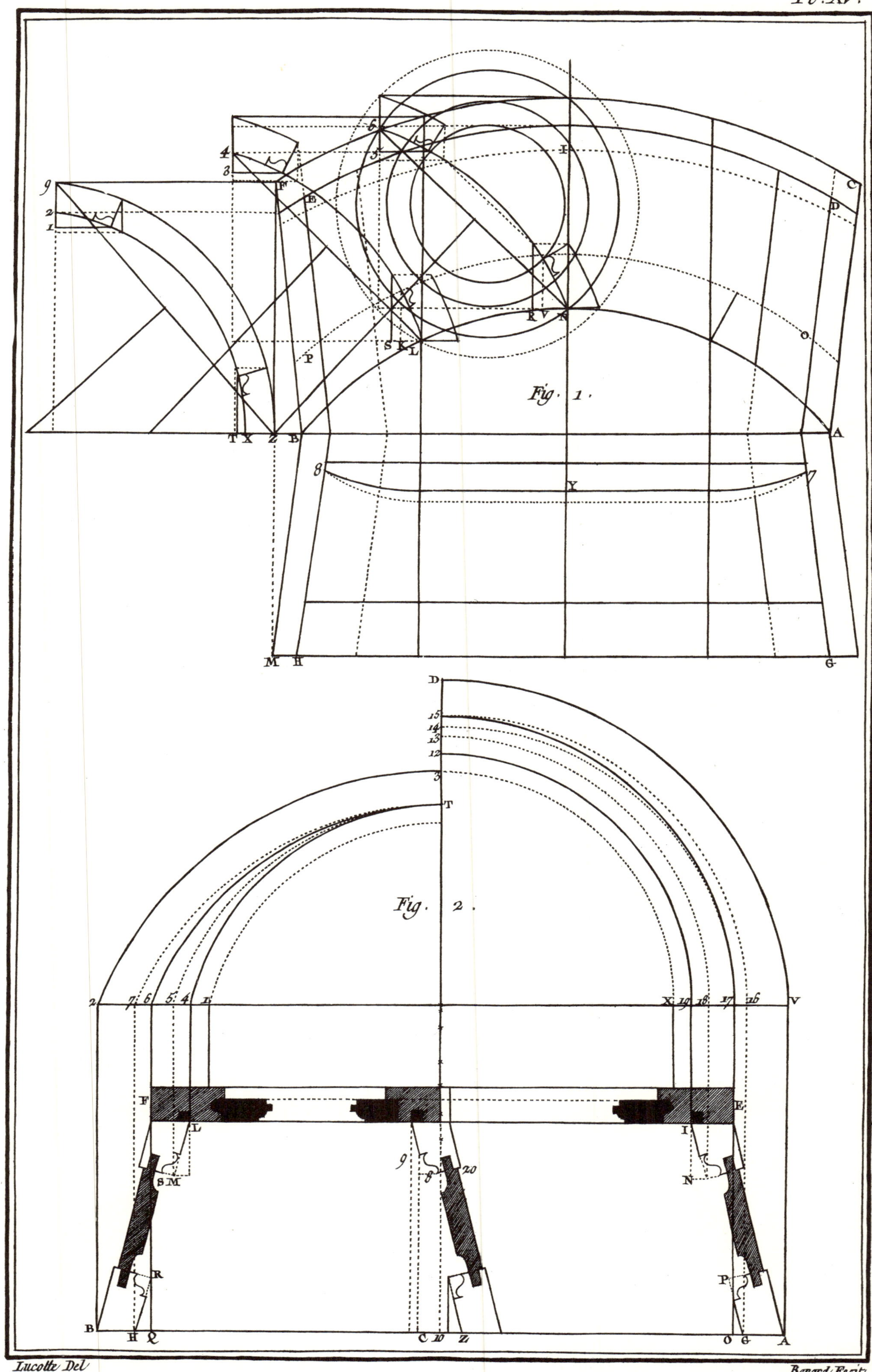

Menuisier en Batiment, Coupe des Bois.

1ere Fig. Arriere Voussure de Marseille bombée sur portes et croisées ceintrées et surbaissées par le haut.

2e. Fig. Plafond de croisées ou portes avec embrasures droites ou sans embrasures au milieu.

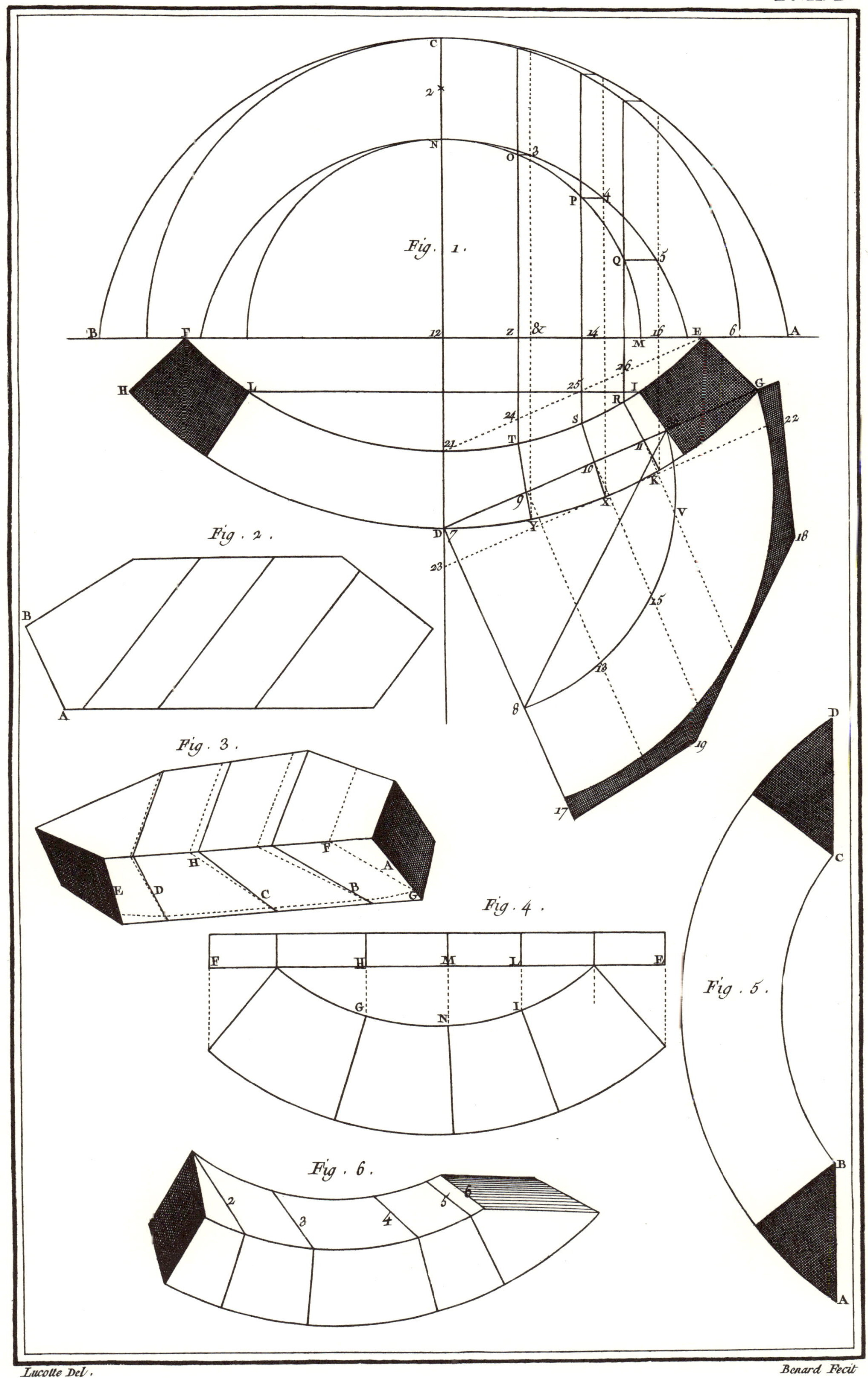

Menuisier *en Batiment, Coupe des Bois. Tour ronde.*

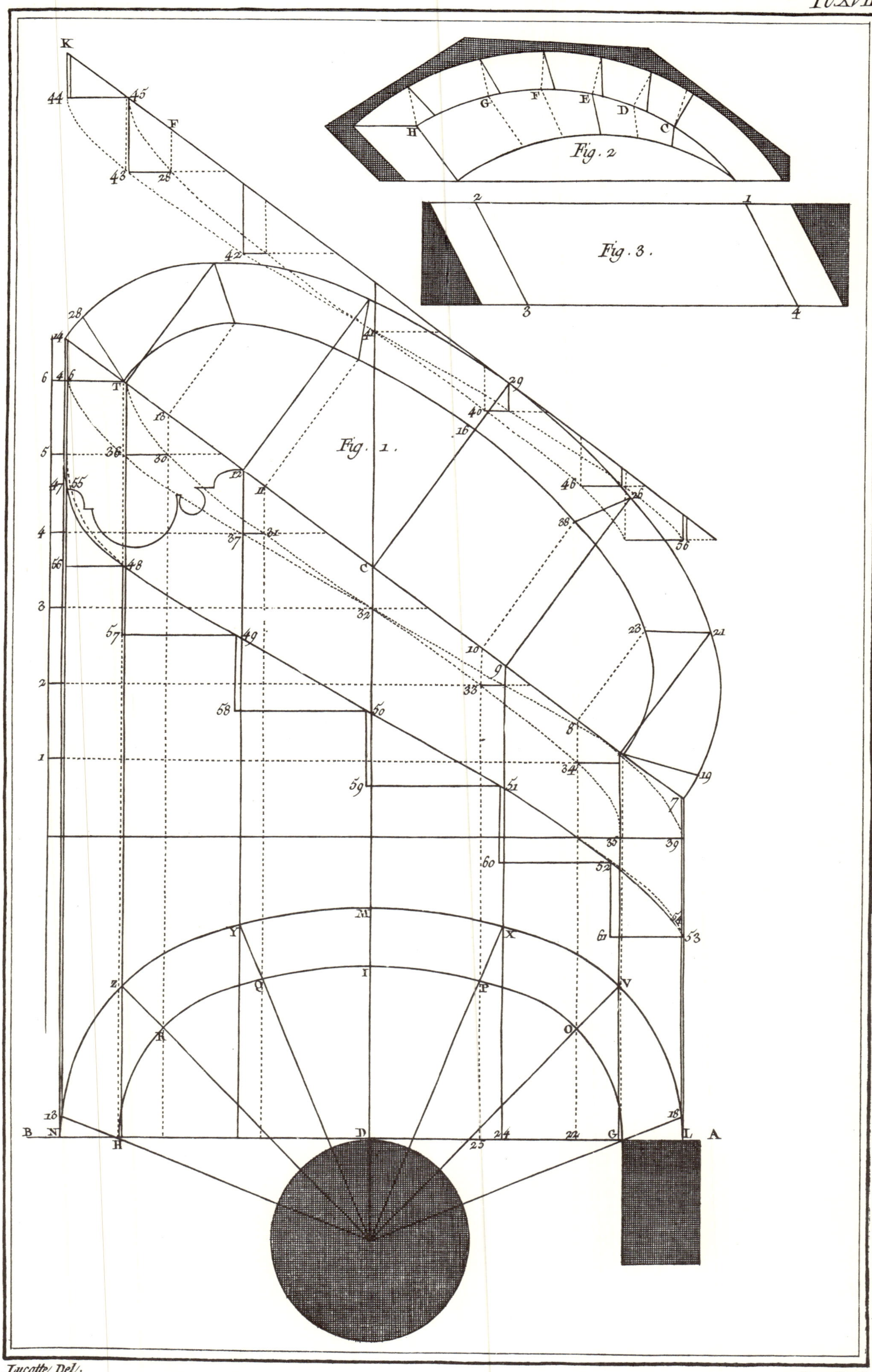

Menuisier en Batiment, Coupe des Bois.
Courbes rampantes sur plans réguliers ou irréguliers.

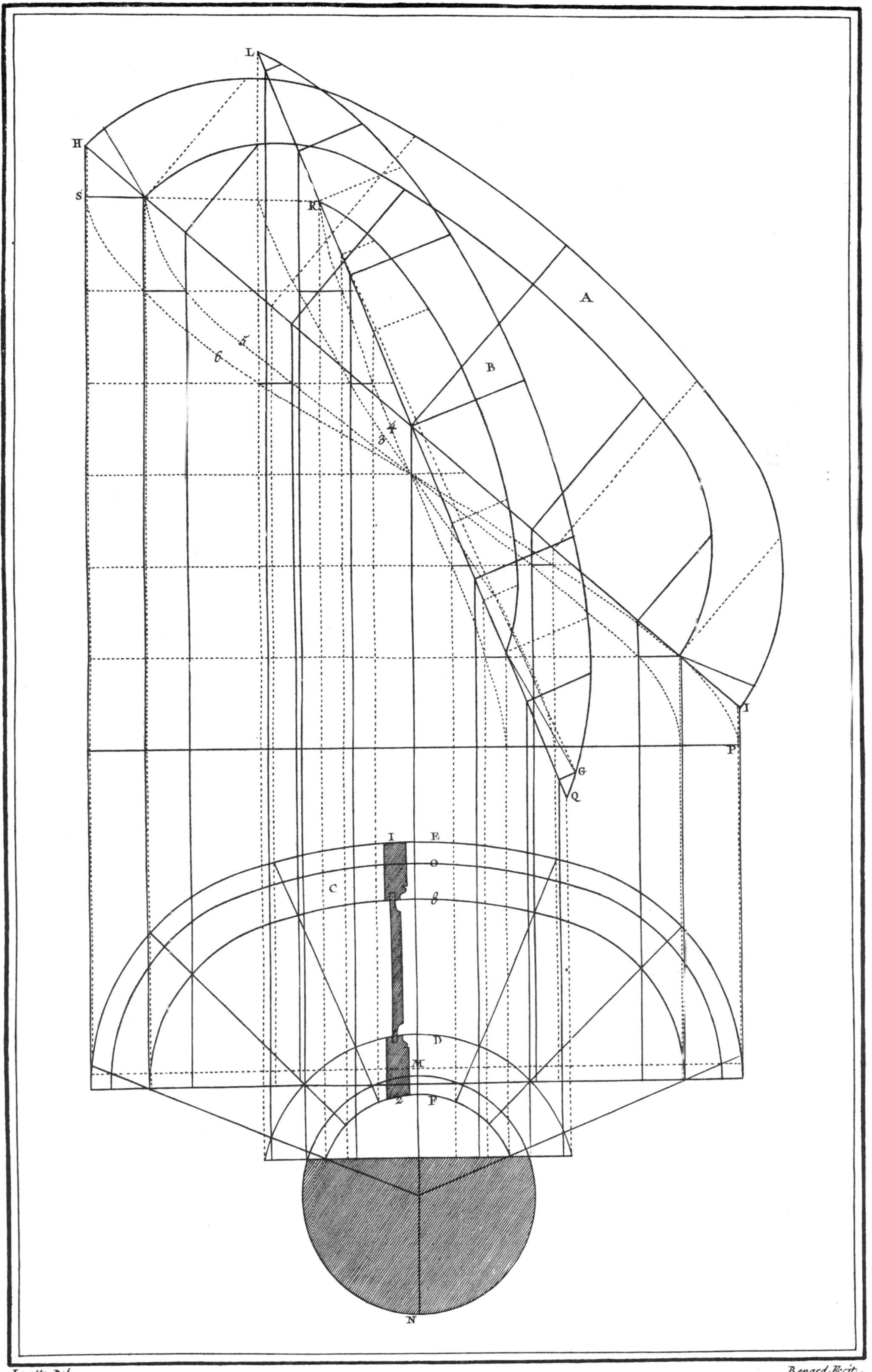

Menuisier en Batiment, Coupe des Bois.

Plafond de Rampe d'Escalier pour recouvrement du dessous des Marches.

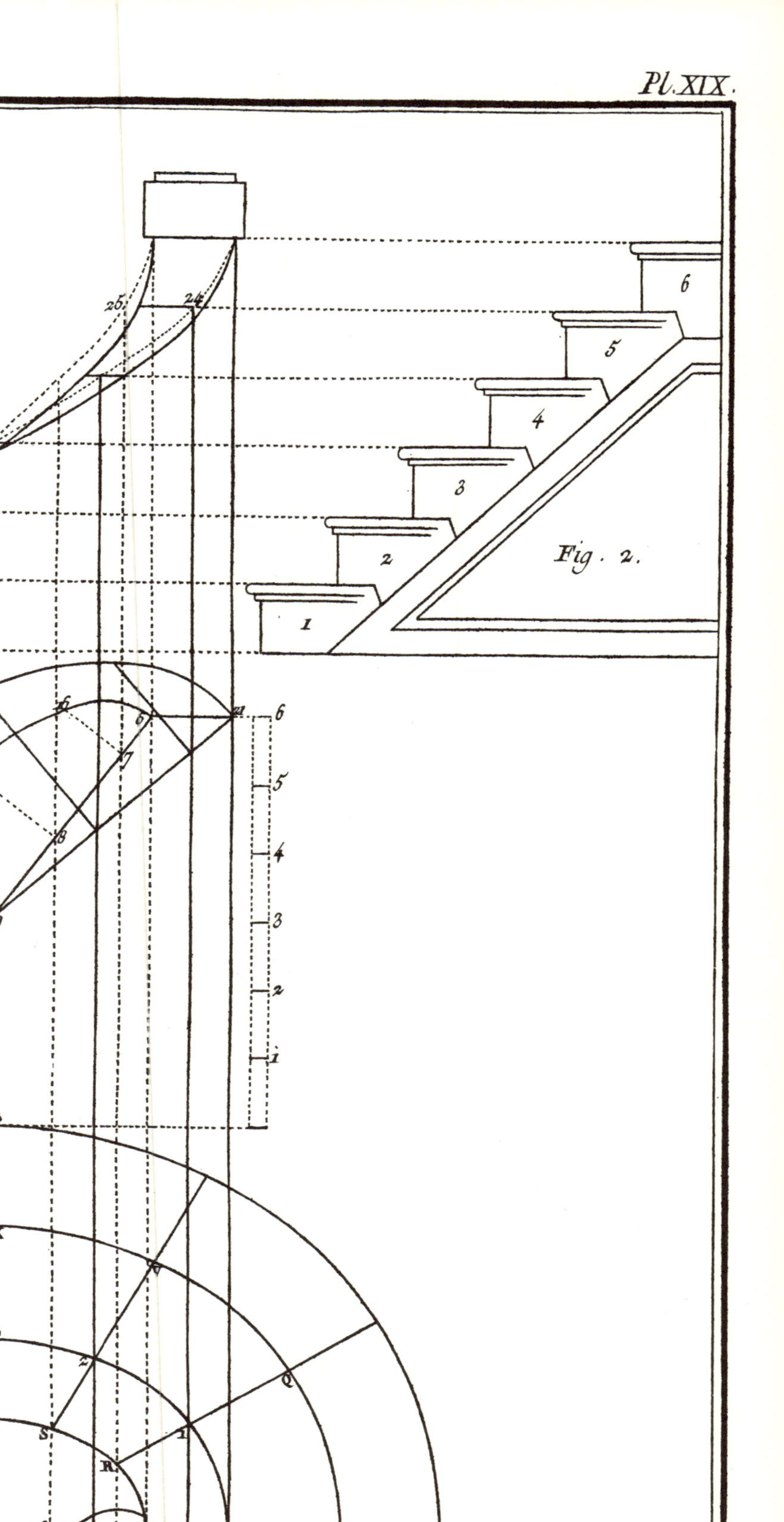

Menuisier en Batiment, Coupe des Bois.
Rampe d'Escalier sur plan ovale et autre Plafond.

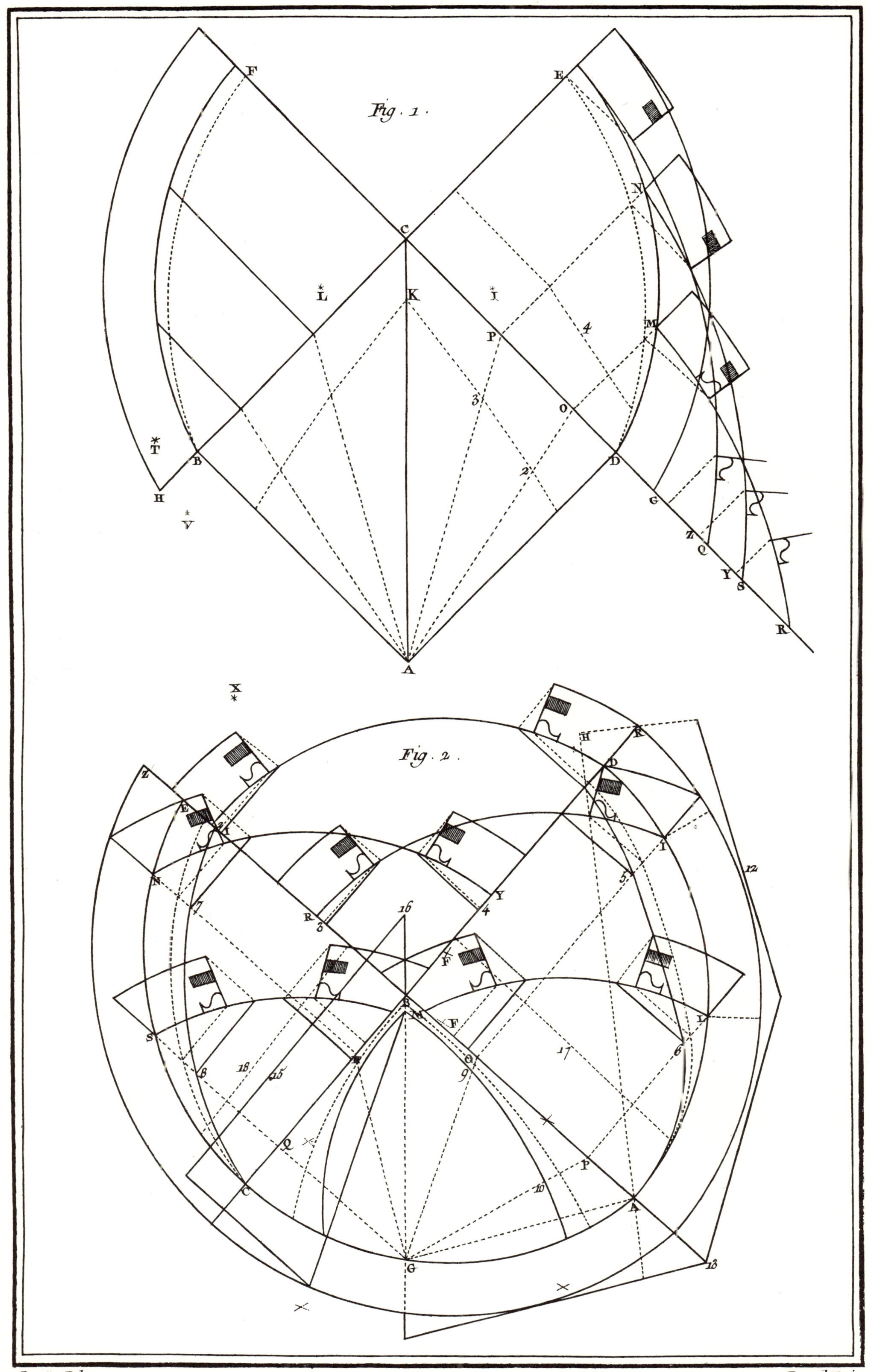

Menuisier *en Batiment, Coupe des Bois.*

1ere Fig. Trompe sur l'angle. 2e Fig. Trompe sur coin biais et en niche.

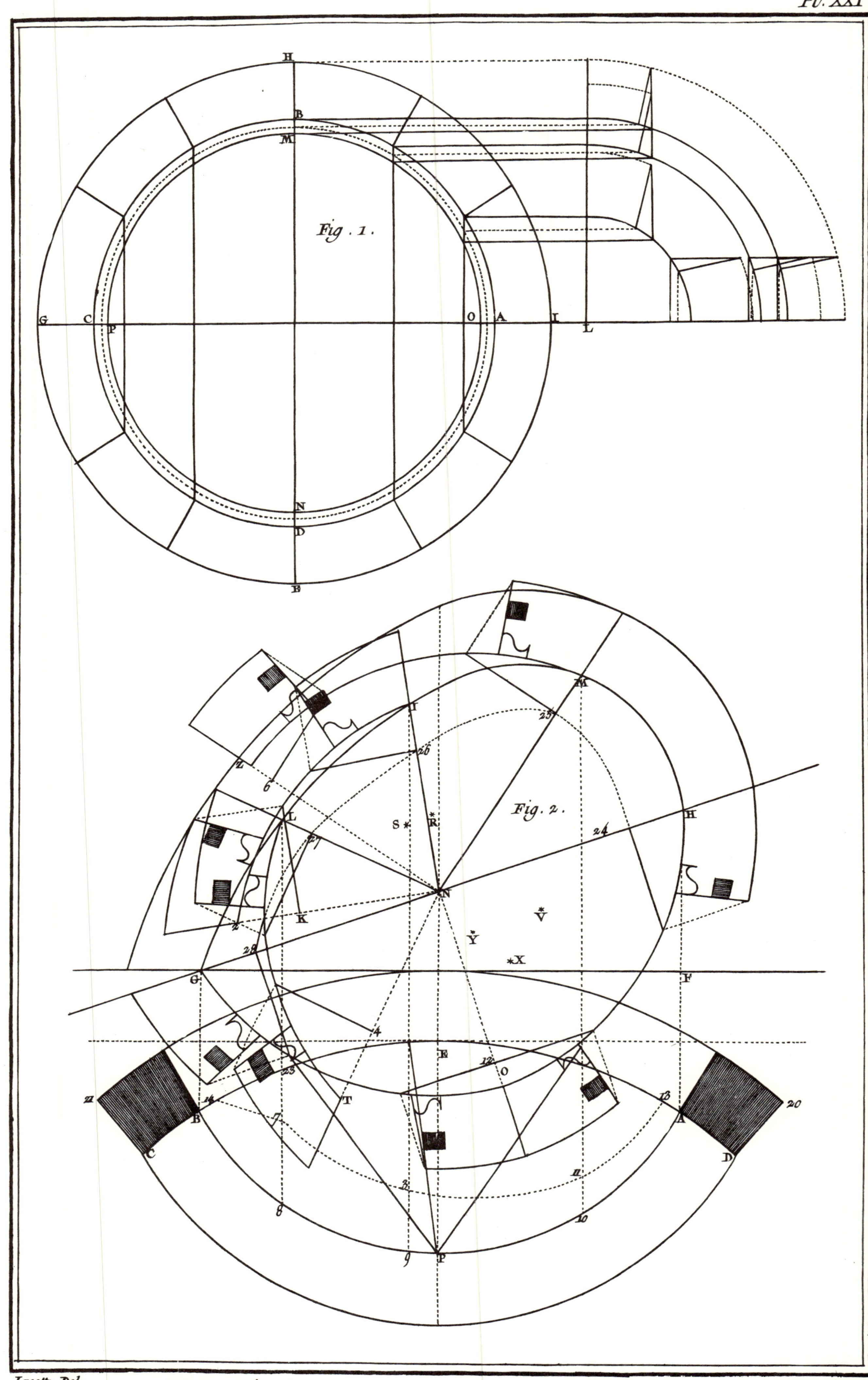

Menuisier *en Batiment, Coupe des Bois.*
1.re Fig. Trompe en niche droite et tour ronde par devant sur même diametre. 2.e Fig.
Trompe rampante en niche.

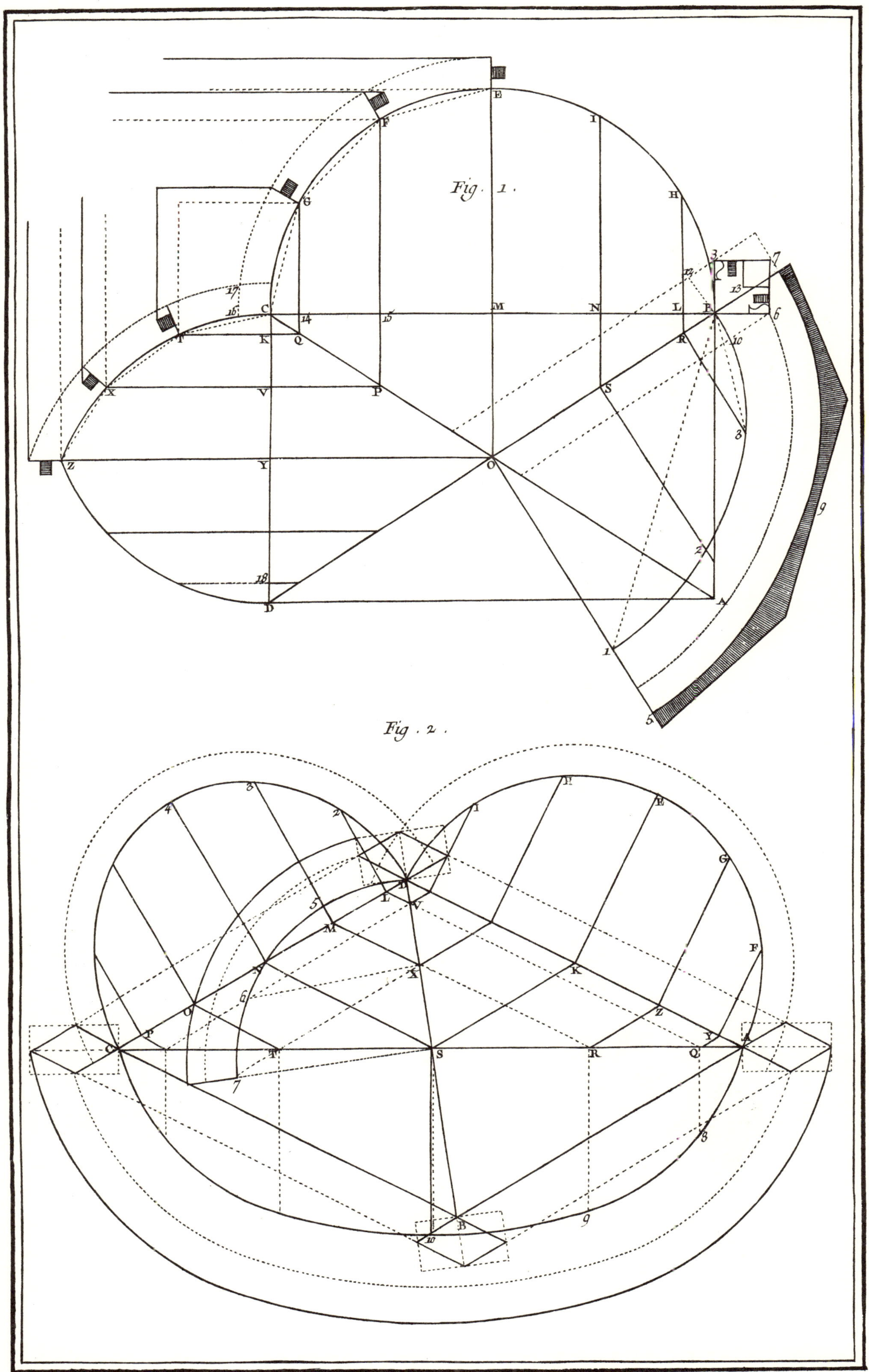

Menuisier en Batiment, Coupe des Bois.

1ere Fig. Voute d'arrête sur plan barelong. 2e. Fig. Voute d'arrête biaise et barelongue

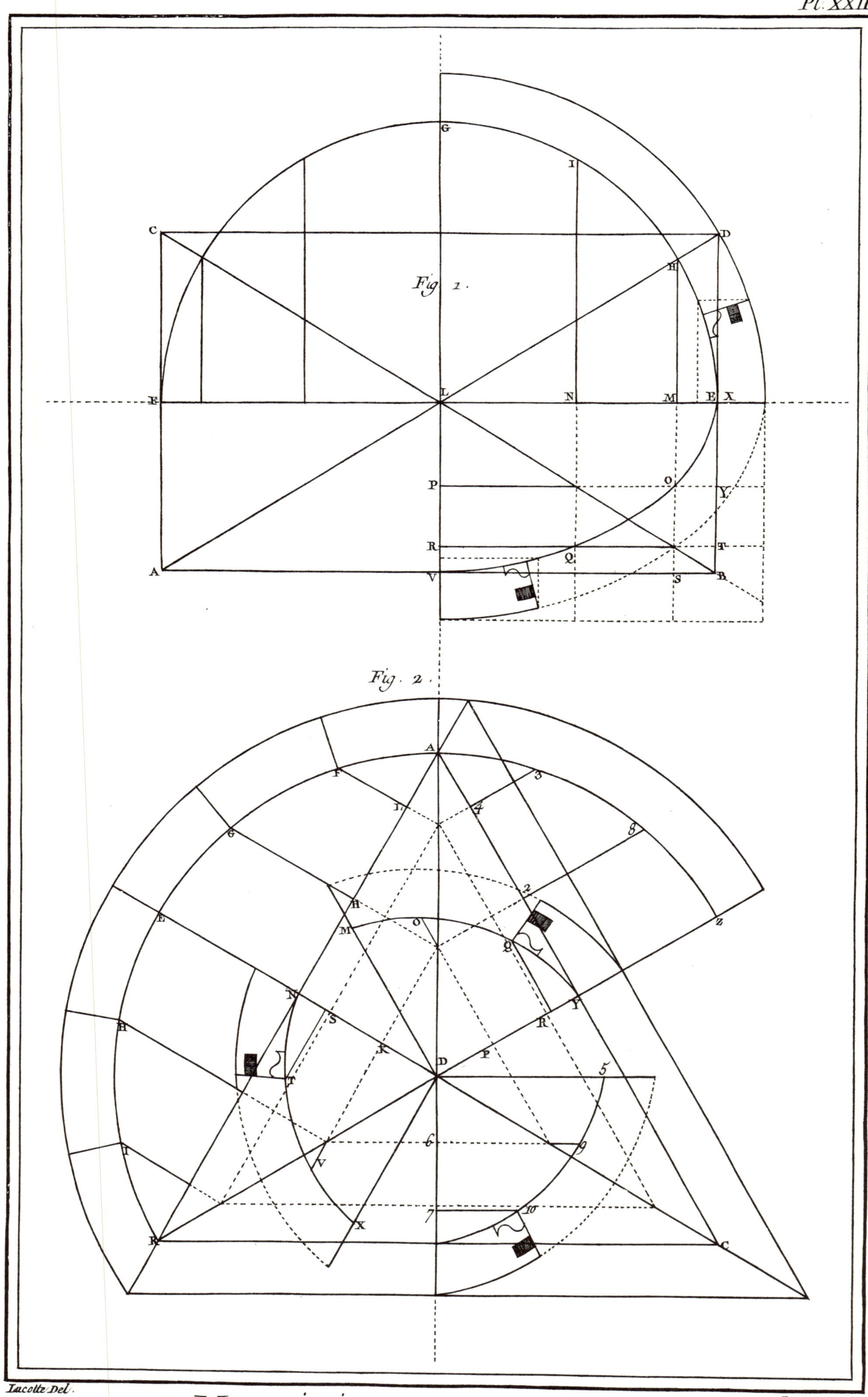

Menuisier *en Batiment, Coupe des Bois.*
1ere Fig. Arc de Cloître sur plan barelong. 2e. Fig. Voute d'arrête et Arc de Cloître
sur triangle inégal par ses cotés sur toute sortes de plan.

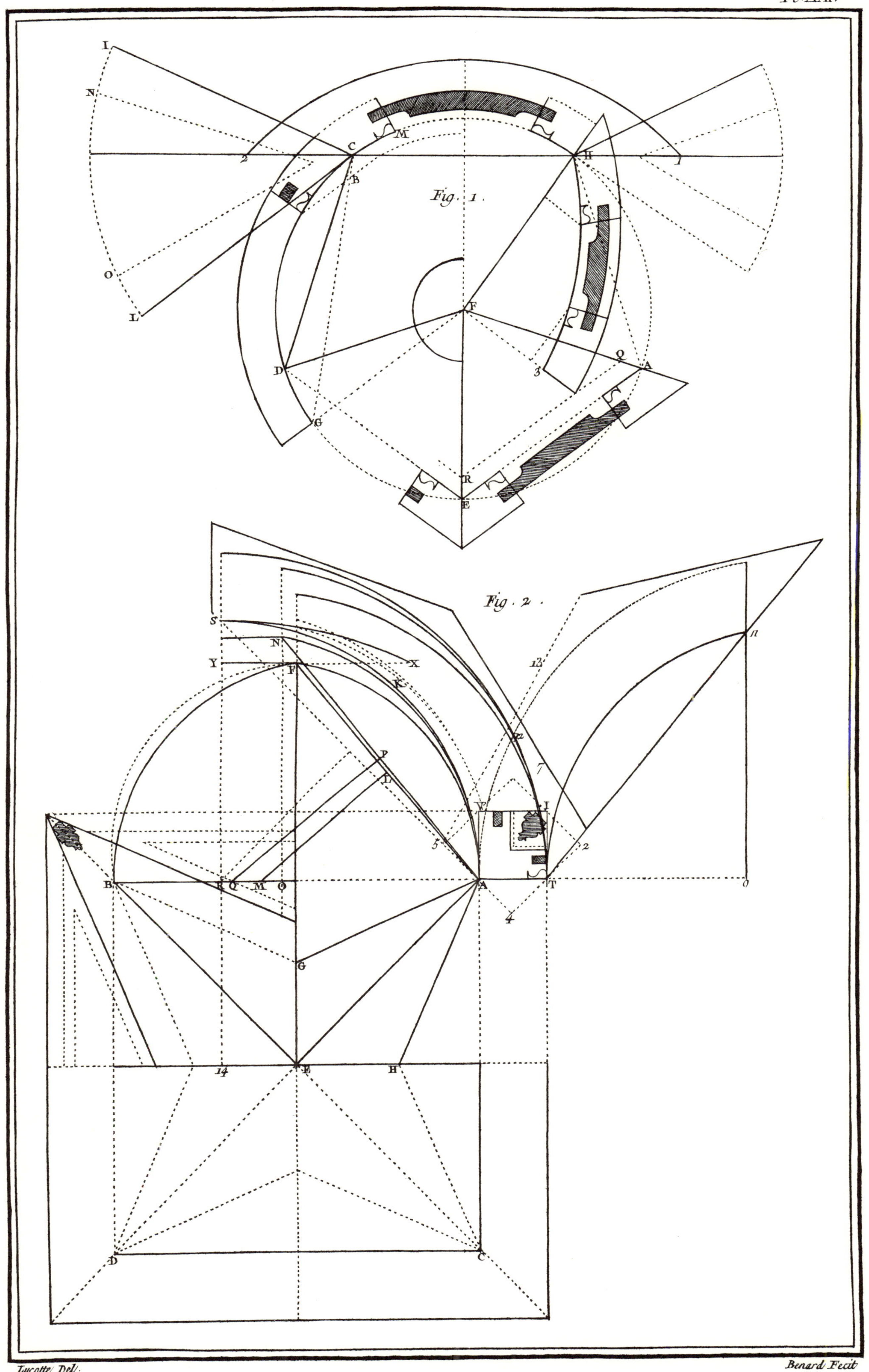

Menuisier en Batiment, Coupe des Bois.

1ère Fig. Voute Sphérique ou cul de four. 2e. Fig. Voute à Ogive.

MENUISIER EN MEUBLES,

PLANCHE Iere.

LE haut de cette Planche repréſente un attelier de menuiſerie en meubles, où divers ouvriers ſont occupés à différens ouvrages de meubles, un en *a* à refendre
une planche ; un autre en *b* à corroyer ; un en *c* à débiter des ouvrages pour des chaiſes & fauteuils ; un en *d* à
ébaucher ; un autre en *e* occupé à faire chauffer de la
colle. Le reſte de l'attelier eſt ſemé d'ouvrages & meubles de toutes eſpeces, comme chaiſes, fauteuils, ca-
napés, ſofas, armoires, tables, &c. & autres uſtenſiles
concernant l'art de menuiſerie en meubles.

Sieges.

Fig. 1. Tabouret prêt à être garni par le Tapiſſier. A A
les piés: B B les traverſes.
2. 3. 4. & 5. Piés du tabouret. A A & leurs têtes. B B &
leurs piés.
6. 7. 8. & 9. Traverſes du tabouret. A A & les tenons.
10. Plan du tabouret. A A & les piés. B B & les traverſes.
11. Piece de bois de hêtre, bois ordinairement employé
à ces ſortes d'ouvrages, ſur lequel ſont tracées les
pieces du tabouret pour être débitées. A les traverſes. B B les piés.

PLANCHE II.

Sieges & Banquettes.

Fig. 1. Tabouret ou ſiege pliant. A A les piés. B B les
traverſes.
2. 3. 4. & 5. Piés courbes du tabouret. A l'œil. B B les
mortoiſes des traverſes.
6. 7. 8. & 9. Chevilles pour cheviller les traverſes dans
les mortoiſes des piés. A A & les têtes.
10. 11. & 12. Piés courbes ébauchés.
13. & 14. Boulons du tabouret. A A les têtes. B B les
tiges.
15. 16. 17. & 18. Traverſes du tabouret pliant. A A &
les courbes B B & les tenons.
19. Piece de bois de hêtre ſur laquelle ſont marquées
toutes les pieces pour deux tabourets plians. A A
piés d'un tabouret. B B traverſes. C C piés d'un
autre tabouret.
20. Banquette. A A & les piés corniers. B B & les piés de
milieu. C C les longuereſſes. D D les traverſes. E E
les barres.
21. 22. Longuereſſes de la banquette, l'une vue en-dedans & l'autre vue en-dehors. A A & les tenons.
23. 24. Chevilles.

PLANCHE III.

Sieges.

Fig. 1. 2. Traverſes de la banquette précédente. A A &
les tenons.
3. 4. 5. 6. Piés-corniers de la banquette. A A & les
mortoiſes.
7. 8. Barres à queue de la banquette. A A & les queues.
9. 10. 11. 12. Piés de milieu de la banquette. A A &
les mortoiſes.
13. Chanceliere. A A & les piés. B B les traverſes latérales. C la traverſe de devant. D la traverſe de derriere. E E les cloiſons latérales. F la cloiſon de devant. G la cloiſon de derriere. H le fond.
14. 15. 16. 17. Piés de la chanceliere. A A les mortoiſes.
18. 19. Traverſes de devant & de derriere de la chanceliere. A A & les tenons.
20. 21. Traverſes latérales de la chanceliere. A A les
tenons.
22. Fond de la chanceliere.

23. 24. Cloiſons latérales de la chanceliere. A A les
rainures.
25. Cloiſon de derriere de la chanceliere. A la rainure.
26. Cloiſon de devant de la chanceliere. A l'ouverture.
27. Petit tabouret. A A & les piés. B B les traverſes latérales. C C les traverſes de devant & de derriere.
28. 29. 30. 31. Piés du petit tabouret. A A les mortoiſes.
32. 33. Traverſes longues du petit tabouret. A A & les
tenons.
34. 35. Chevilles.
36. 37. Traverſes latérales du petit tabouret. A A &
les tenons.
38. Planche ſur laquelle ſont marquées différentes pieces des ouvrages ci-deſſus pour être débitées.
39. Membrure ſur laquelle ſont marqués quatre piés-
corniers pour être débités.

PLANCHE IV.

Chaiſes.

Fig. 1. Chaiſe unie. A A les montans de doſſier. B B les
piés de devant. C C les traverſes du ſiege. D D les
traverſes du doſſier.
2. 3. Piés de devant de la chaiſe unie. A A les mortoiſes.
4. 5. Montans de doſſier. A A les montans. B B les piés.
6. 7. Traverſes du doſſier. A A & les tenons.
8. Traverſe de derriere du ſiege. A A les tenons.
9. 10. Traverſes latérales du ſiége. A A & les tenons.
11. Traverſe du devant du ſiege de la chaiſe. A A les
tenons.
12. Piece de bois de hêtre ou de noyer, ſur laquelle
ſont marquées les pieces des figures précédentes,
pour être débitées.
13. Autre chaiſe. A A les montans de derriere. B B les
piés de devant. C C les traverſes du ſiege. D D les
traverſes du doſſier.
14. 15. Piés de devant de la chaiſe. A A les mortoiſes.
16. 17. Montans de derriere. A A les montans B B les
piés.
18. Traverſe du haut du doſſier de la chaiſe A A les
tenons.
19. Traverſe du doſſier. A A les tenons.
20. Traverſe du derriere du ſiege. A A les tenons.
21. Traverſe du devant du ſiege de la chaiſe. A A les
tenons.
22. Cheville.
23. 24. Traverſes latérales du ſiege. A A les tenons.
25. 26. Chevilles.
27. Plan du ſiege de la chaiſe. A la traverſe de derriere.
B la traverſe de devant. C C les traverſes latérales.
D D & les trous pour paſſer la canne.
28. Cannes en botte.

PLANCHE V.

Fauteuils.

Fig. 1. Plan d'un ſiege de chaiſe, qui fait voir la premiere opération du cannier, lorſqu'il poſe la canne.
2. Deuxieme opération du cannier.
3. Troiſieme opération du cannier.
4. Quatrieme & derniere opération du cannier développée.
5. La premiere opération du cannier développée.
6. La deuxieme opération.
7. La troiſieme opération.
8. La quatrieme & derniere opération.
9. Fauteuil à la reine. A A les montans de doſſier. B
la traverſe du haut du doſſier. C la traverſe du bas
du doſſier. D D les bras du fauteuil. E E les con-

A

foles. F la traverſe de derriere du ſiege. G la traverſe du devant du ſiege. HH les traverſes latérales du ſiege. II les piés de devant. KK les piés de derriere.

10. 11. Conſoles des accottoirs du fauteuil. AA & les tenons.

12. 13. 14. Chevilles.

15. 16. Montans du doſſier du fauteuil à la reine. AA les montans. BB les piés.

17. Traverſe du haut du doſſier. AA les tenons.

18. Traverſe du bas du doſſier. AA les tenons.

19. Traverſe de derriere du ſiege. AA les tenons.

20. Traverſe du devant du ſiege. AA les tenons.

21. 22. Traverſes latérales du ſiege. AA les tenons.

23. 24. Accottoirs du fauteuil. AA les tenons.

25. Fauteuil en cabriolet. AA les montans de doſſier. B la traverſe du haut du doſſier. C la traverſe du bas du doſſier. DD les accottoirs du fauteuil. EE les conſoles. F la traverſe de derriere du ſiege. G la traverſe de devant du ſiege. HH les traverſes latérales du ſiege. II les piés de devant. KK les piés de derriere.

26. 27. Conſoles des accottoirs de fauteuil. AA & les tenons.

28. 29. Montans de doſſier. AA les montans. BB les piés.

30. 31. Piés du fauteuil. AA les mortoiſes.

32. Accottoirs du fauteuil. A le tenon.

33. Traverſe de devant du ſiege du fauteuil. AA les tenons.

34. Traverſe du haut du doſſier. AA les tenons.

35. Traverſe du bas du doſſier. AA les tenons.

36. L'une des traverſes latérales du ſiege du fauteuil. AA les tenons.

37. Traverſe de derriere du ſiege du fauteuil. AA les tenons.

PLANCHE VI.

Fauteuils & Bergeres.

Fig. 1. Fauteuil angulaire. A le pié de derriere. BB les piés latéraux. C le pié de devant. DD les conſoles. EE les accotoirs. FF les ſupports des accottoirs. G le ſupport de doſſier. HH les traverſes latérales de derriere. II les traverſes latérales de devant.

2. Pié de devant.

3. Pié de derriere. AA les mortoiſes.

4. 5. Piés latéraux à conſoles. AA piés. BB les conſoles. CC les tenons. DD les mortoiſes.

6. Support latéral du bas du fauteuil. AA les tenons.

7. Support de derriere du doſſier du fauteuil. AA les mortoiſes.

8. 9. Accottoirs du fauteuil. AA les volutes. B le tenon. C la mortoiſe.

10. 11. Traverſes latérales de derriere du fauteuil. AA les tenons.

12. 13. Traverſes latérales de devant. AA les tenons.

14. Fauteuil en confeſſionnal. AA les piés de derriere. BB les piés de devant. C la traverſe de derriere du ſiege. D la traverſe de devant du ſiege. EE les traverſes latérales du ſiege. FF les accottoirs. GG les conſoles des accottoirs. HH les ſupports des accottoirs.

15. 16. Conſoles des accottoirs. AA & les tenons.

17. Traverſe de derriere du ſiege. AA les tenons.

18. 19. Traverſes latérales du ſiege. AA les tenons.

20. Traverſes de devant du ſiege. AA les tenons.

21. 22. Accottoirs du fauteuil. AA les tenons. B la mortoiſe.

23. 24. 25. Piés du fauteuil. AA & les mortoiſes.

26. Bergere à piés-corniers. AA les montans de derriere. BB traverſes du haut du doſſier. C la traverſe du bas du doſſier. DD les piés de devant. EE les traverſes latérales du ſiege. F la traverſe de derriere du ſiege. G la traverſe de devant du ſiege. HH les accottoirs. II les conſoles des accottoirs. KK les piés de derriere.

27. Accottoir de la bergere. A le tenon.

28. Montant du doſſier de la bergere. A le montant. B le pié.

29. 30. Conſoles des accottoirs de la bergere. AA & les tenons.

31. Traverſe latérale du ſiege de la bergere. AA les tenons.

32. Traverſe de devant du ſiege. AA les tenons.

33. Traverſe de derriere du ſiege. AA les tenons.

34. Pié de devant de la bergere. AA les mortoiſes.

35. Cheville.

PLANCHE VII.

Bergere en demi-canapé.

Fig. 1. Autre bergere. AA les montans de doſſier. B la traverſe de doſſier du haut. CC les accottoirs. DD les conſoles des accottoirs. EE les piés de devant. FF les traverſes latérales. G la traverſe de derriere du ſiege. H la traverſe de devant du ſiege. II les piés de derriere.

2. Accottoir de la bergere. A le tenon.

3. Montant du doſſier. A le montant. B le pié.

4. Conſole d'accottoir. AA les tenons.

5. Pié de devant de la bergere. AA les mortoiſes.

6. Traverſe latérale de la bergere. AA les tenons.

7. Traverſe de devant du ſiege. AA les tenons.

8. Traverſe de derriere du ſiege. AA les tenons.

9. Traverſe du haut du doſſier. AA les tenons.

10. Demi-canapé. AA les montans de doſſier. BB les piés d'encoignure de devant. CC les piés de milieu. D la traverſe du haut du doſſier. E la traverſe du bas du doſſier. F la traverſe de derriere du ſiege. G la traverſe de devant du ſiege. HH les traverſes latérales du ſiege. II les barres du ſiege. KK les accottoirs. LL les ſupports d'accottoirs. MM les piés de derriere.

11. Barre à queue du doſſier du canapé. AA les queues d'aronde.

12. 13. Montans de doſſier. AA les montans. BB les piés.

14. 15. Chevilles.

16. Barre à queue. AA les queues d'aronde.

17. Traverſe de derriere du ſiege. AA les tenons.

18. Traverſe de devant du ſiege. AA les tenons.

19. 20. Traverſes latérales du ſiege. AA les tenons.

21. 22. Piés de devant & les conſoles des accottoirs. AA les piés. BB les conſoles.

PLANCHE VIII.

Canapé.

Fig. 1. Canapé. AA les montans de doſſier. B la traverſe du haut du doſſier. B la traverſe du bas du doſſier. CC les accottoirs. DD les ſupports d'accottoirs. EE les piés d'encoignure. FF les piés de milieu. G la traverſe de derriere du ſiege. H la traverſe de devant du ſiege. II les traverſes latérales du ſiege. KK les barres à queues.

2. Plan de la moitié du canapé. A pié de derriere. B pié de devant. C traverſe de derriere. D traverſe de devant. E traverſe latérale. FF barres à queues.

3. 4. Accottoirs du canapé. AA les tenons.

5. 6. 7. Piés de milieu de devant & de derriere. AAA les tenons.

8. Traverſe de derriere du ſiege du canapé. AA les tenons.

9. Traverſe du devant du ſiege du canapé. AA les tenons.

10. Traverſe du bas du doſſier du canapé.

11. 12. 13. Barres à queues. AA & les queues d'aronde.

14. 15. Traverſes latérales du ſiege. AA & les tenons.

16. 17. Montans de doſſier. AA les montans. BB les piés.

18. 19. Piés d'encoignures de devant. AA les piés. BB les ſupports des accottoirs.

20. Pié marqué ſur une piece pour être débité.

21. Le même pié débité d'un côté.

22. Le même débité des deux côtes oppoſés.

23. Le même tracé pour être débité des deux autres côtés.

24. Le même débité du troisieme côté.
25. Le même débité des quatre côtés.
26. Le même percé de deux mortoifes. A la mortoife.
27. Le même percé de deux mortoifes. A A les mortoifes.
28. Le même dont le fupport eft tracé d'un côté pour être fculpté. A le fupport. BB les mortoifes.
29. Le même dont le pié eft uni à pan d'un côté. A le pié. B le fupport d'accotoir. C la mortoife.
30. Le même dont le fupport eft fculpté des deux côtés & le pié uni à pan auffi des deux côtés. A le pié. B la mortoife. C le fupport.
31. Le même fini de tous fes côtés.

PLANCHE IX.

Sofa.

Fig. 1. Sofa ou chaife longue. A A & les piés. B la traverfe du doffier. CC les accottoirs. DD les confoles des accottoirs. E la traverfe de derriere du fiege. F la traverfe du devant du fiege. GG & les traverfes latérales du fiege. HH les fupports de doffier. II les barres à queues.
2. 3. Piés-corniers. A A les piés. BB les confoles.
4. 5. Chevilles.
6. 7. Piés de devant & de derriere. A A les tenons.
8. 9. 10. Supports de doffier. A A les tenons.
11. Pié latéral. A A les mortoifes.
12. Traverfe de doffier. A A les tenons.
13. Pié latéral vu d'autre côté. A A les mortoifes.
14. Moitié de derriere d'accottoir. A la volute. B la mortoife.
15. Traverfe de derriere du fiege. A A les tenons.
16. Traverfe de devant du fiege. A A les tenons.
17. 18. 19. 20. Traverfes latérales du fiege. A A & les tenons.
21. Autre moitié de derriere d'accottoir. A la volute. B la mortoife.
22. 23. Les deux autres parties de devant d'accottoir. A A les volutes. BB les tenons.
24. Barres à queues. A A les queues d'aronde.
25. Piece fur laquelle eft tracée la traverfe de devant du fiege pour être débitée.
26. La même débitée.
27. La même vue avec fes tenons. A A les tenons.
28. La même vue de l'autre côté. A A les tenons. B la mortoife du pié.
29. La même fculptée.
30. La même vue en-dedans.
31. Piece fur laquelle eft tracée la traverfe du haut du doffier pour être débitée.
32. La même débitée fur fon épaiffeur.
33. La même ébauchée. A A les tenons.
34. La même finie. A A les tenons.

PLANCHE X.

Ducheffe.

Fig. 1. Ducheffe. A A les piés-corniers. B les piés de derriere. CC les confoles de doffiers. DDD les fupports de doffiers. EE les doffiers. F le chaffis du pié. GG les chaffis latéraux. HH les traverfes du chevet. II les traverfes latérales. K la traverfe du pié. LL & les barres.
2. Traverfe latérale du bois. A A les tenons.
3. 4. 5. Piés. A A les mortoifes.
6. 7. Traverfes du chevet. A A & les tenons.
8. Traverfe du bas du chaffis du pié de la ducheffe. A A les tenons.
9. Traverfe latérale du bois. A A les tenons.
10. 11. Supports de la traverfe du haut du chaffis du pié. A A les tenons.
12. Traverfes du bois du pié. A A les tenons.
13. 14. Traverfes du bas des chaffis latéraux. A A les tenons.
15. 16. Traverfes du haut des chaffis latéraux. A A les tenons.
17. 18. Chevilles.

19. Traverfe du haut du chaffis du pié. A A les tenons.
20. 21. Montans des chaffis latéraux. A A les tenons.
22. 23. Montans des mêmes chaffis latéraux du côté du chevet. A A les tenons.
24. Chevilles.
25. 26. Traverfes du haut du chevet. A A les volutes.
27. Barre. A l'entaille.
28. 29. Confoles des traverfes du chevet. A A & les tenons.
30. 31. 32. 33. 34. Barres de traverfes. A A & les entailles.
35. Barre du chevet. A la patte.
36. Barre de long. A A & les entailles.
37. 38. Autres barres de traverfes. A A les entailles.
39. Autre barre de chevet. A A la patte.

PLANCHE XI.

Veilleufe.

Fig. 1. Veilleufe. A A les piés-corniers. BB les barres. CC les piés de milieu. DD les traverfes de long latérales. E la traverfe du pié. F le chaffis du pié. G la traverfe du bois du chevet. H le chaffis du chevet. II les oreillons du chevet. KK les oreillons du pié.
2. Traverfe de long du bois. A A les tenons.
3. 4. Piés-corniers.
5. Pié du milieu. A le tenon.
6. 7. Oreillons du pié. A A les montans. BB les traverfes.
8. Traverfe de long du bois. A A les tenons.
9. Traverfe du bas du chaffis du chevet. A A les tenons.
10. Traverfe du haut du chaffis du chevet. A A les volutes.
11. Panneau du chaffis du chevet.
12. 13. Montans du chaffis du chevet. A A les tenons.
14. Traverfe du bois du chevet. A A les tenons.
15. Traverfe du chaffis du pié. A A les tenons.
16. Traverfe du bois du pié. A A les tenons.
17. 18. Oreillons. A A les montans. BB les confoles. CC les fommiers.
19. 20. Petites barres. A A les pattes.
21. 22. Tringles des bords.
23. 24. 25. 26. 27. 28. Barres de traverfes. A A & les entailles.
29. Pié tracé pour être débité.
30. Le même débité d'un côté.
31. Le même débité des deux côtés.
32. Le même fini.
33. Barre de long. A A les entailles.

PLANCHE XII.

Lit de repos.

Fig. 1. Lit de repos. A A les piés. BB doffier du chevet. E la traverfe du bois du chevet. D la traverfe du bois du pié. EE & les traverfes latérales. FF & les barres. GG la barre de long.
2. 3. 4. 5. 6. Piés. A A les mortoifes.
7. Oreillons du chevet. A A les mortoifes.
8. 9. Traverfes latérales. A A les tenons.
10. Traverfe du pié. A A les tenons.
11. Doffier du chevet. A A les tenons.
12. 13. 14. 15. 16. Barres. A A les entailles. BB les pattes.
17. Barre de long. A A & les entailles.
18. Le doffier tracé pour être débité.
19. Le même doffier débité fur fon épaiffeur.
20. Traverfe du bois tracée, prête à être débitée.
21. La même traverfe débitée.
22. La même traverfe avec fes tenons. A A les tenons.
23. La même traverfe fculptée.

PLANCHE XIII.

Buffet.

Fig. 1. Buffet. A A les piés-corniers de l'armoire du haut. BB les portes. C la face latérale. DD la cor-

niche. E E les piés-corniers du bas. F F les portes.
G la face latérale. H la tablette.

2. 3. 4. Piés-corniers de l'armoire du haut. A A les
mortoifes. B B les tenons. C C les rainures.

5. Traverfe portant le devant de la corniche. A A les
tenons.

6. Traverfe portant le derriere de la corniche. A A &
les tenons.

7. 8. Traverfes latérales du chaffis de la corniche. A A
& les tenons.

9. 10. Battans des portes. A A les tenons. B B les rainures.

11. 12. Moulures des panneaux des portes. A A les
tenons.

13. 14. Parties du devant de la corniche. A A les mortoifes.

15. 16. Parties latérales de la corniche. A A les mortoifes.

17. Chevilles.

18. Panneau latéral.

19. Panneau de porte.

20. Frife. A A les tenons.

PLANCHE XIV.

Fig. 1. Armoire. A A les piés-corniers. B B les portes. C
le panneau latéral. D D & les traverfes. E E la corniche.

2. 3. Piés-corniers de l'armoire. A A & les mortoifes.
B B les moulures.

4. Porte de l'armoire. A le bâtis battant. B le bâtis
dormant. C C C les traverfes. D D les panneaux.

5. Chaffis portant corniche. A la traverfe. B la partie
ceintrée. C C les tenons.

6. Traverfe du derriere du même chaffis. A A les tenons.

7. Devant de la corniche. A la partie ceintrée.

8. Partie latérale de la corniche.

9. Traverfe du haut du fond de l'armoire. A A les
tenons.

10. Traverfe latérale du haut de l'armoire. A A les
tenons. B la moulure.

11. Traverfe latérale du milieu de l'armoire. A A les
tenons. B B les moulures.

12. Traverfe latérale du bas. A A les tenons. B la moulure.

13. Panneau latéral du bas.

14. Traverfe du bas du fond de l'armoire. A A les
tenons.

15. Panneau latéral du haut.

16. Panneau du haut d'une des portes.

17. Traverfe du bas du devant de l'armoire. A A les
tenons.

18. 19. 20. Petites barres à queues pour les parties
latérales.

21. Barres à queues pour le fond de l'armoire. A A les
queues d'aronde.

PLANCHE XV.

Fig. 1. Ciel de lit. A A les chaffis intérieurs. B B chaffis
extérieurs. C C & les barres à pattes.

2. 3. Barres à pattes du ciel. A A A les pattes.

4. Traverfe du petit chaffis intérieur.

5. Traverfe longue du petit chaffis intérieur.

6. Traverfe du grand chaffis extérieur.

7. Traverfe longue du grand chaffis extérieur.

8. Pié de milieu du lit à la polonoife. A A les volutes.

9. Oreillon du chevet. A A A les tenons.

10. 11. Chevilles.

12. 13. Piés-corniers. A A les mortoifes.

14. Cheville.

15. Oreillon du pié. A A les tenons.

16. Lit à la polonoife. A A les montans de doffier du
chevet. B B les piés. C la traverfe du doffier. D D
les oreillons du chevet. E E les traverfes du bois.
F F les montans du pié. G la traverfe du pié. H H
les oreillons du pié. I traverfe du bois. K la longuereffe du haut. L L les longuereffes du bois. M
M & les barres.

17. 18. 19. Chevilles.

20. Traverfes du chevet.

---

21. Traverfe du pié.

22. Longuereffe. A A les tenons.

23. Longuereffe du bois. A A les tenons.

24. Traverfe du bois. A A les tenons.

25. 26. 27. 28. 29. Barres du lit. A A & les entailles.

30. Barre de milieu. A A & les entailles.

31. 32. Chevilles.

PLANCHE XVI.

Lit à la françoife.

Fig. 1. Chaffis d'impériale. A A les traverfes. B B les
longuereffes.

2. Encoignure de chevet d'un lit à la françoife. A A les
tenons. B la volute.

3. Encoigneure du pié du même lit. A A les tenons.

4. Chevilles.

5. Traverfe du chaffis d'impériale. A A les tenons.

6. Longuereffe du chaffis d'impériale.

7. 8. 9. Piés vus de plufieurs faces.

10. Lit à la françoife. A A les piés du chevet. B la traverfe du chevet. C C les piés du bois. D la traverfe
du pié. E E les piés de milieu. F F les traverfes du
bois. G G les longuereffes. H H & les barres. I la
barre de milieu.

11. Pié tracé pour être débité.

12. Le même débité d'un côté. A le tenon.

13. Le même vu de l'autre côté. A le tenon.

14. Le même fini. A le tenon.

15. Traverfe du bois.

16. Traverfe du doffier du chevet. A A les tenons.

17. 18. Longuereffes chantournées. A A & les tenons.

19. Traverfe du pié. A A les volutes.

20. 21. 22. barres de lit. A A A les entailles.

23. Ceintre deffiné pour être débité.

24. Ceintre chantourné.

25. Le même ébauché.

26. Le même fini.

PLANCHE XVII.

Fig. 1. Impériale de lit à l'italienne. A A les traverfes. B B
les longuereffes. C C les confoles. D D les vafes.

2. 3. Confoles de l'impériale.

4. Longuereffe de l'impériale.

5. 6. Vafes de l'impériale.

7. Traverfe de l'impériale.

8. Traverfe du haut du chevet du lit à l'italienne. A A
les tenons.

9. 10. Longuereffes du bois du même lit. A A les tenons.

11. Lit à l'italienne. A A les montans du doffier. B la
traverfe du doffier. C C les traverfes du bois. D D
les longuereffes du bois. E E les piés. F F & les barres.

12. 13. 14. Piés du lit. A le tenon. B B les mortoifes.

15. Montant du chevet. A A les mortoifes. B le pié. C
le vafe.

16. Pié deffiné prêt à être débité.

17. 18. Chevilles.

19. 20. 21. Barres de lit. A A les entailles.

22. Traverfe du bois de lit. A A les tenons.

23. Cheville.

24. Barre de lit. A l'entaille.

25. Barre du milieu. A A & les entailles.

26. 27. Barres à patte. A A les pattes.

PLANCHE XVIII.

Calibres.

Fig. 1. Calibre d'un pié de tabouret.

2. D'une traverfe de tabouret.

3. D'un pié de fiege pliant.

4. D'une traverfe de fiege pliant.

5. D'un pié de milieu de banquette.

6. D'un pié-cornier de banquette.

7. D'une petite traverfe de banquette.

8. D'une longue traverfe de banquette.

9. D'une traverfe de chanceliere.

10. D'un pié de chanceliere.
11. D'un des grands panneaux de chanceliere.
12. D'un des petits panneaux de chanceliere.
13. D'un fond de chanceliere.
14. 15. 16. 17. Calibres de différentes traverses de chaises.
18. D'un pié de devant de chaise.
19. D'un pié de derriere de chaise.
20. D'une traverse latérale de siege.
21. D'une traverse de devant de siege.
22. D'une traverse de derriere de siege.
23. D'un pié de devant de fauteuil à la reine.
24. D'un pié de derriere de fauteuil, vu de profil.
25. Du même pié vu de face.
26. D'un accottoir de fauteuil.
27. D'une console d'accottoir.
28. 29. 30. 31. De différentes traverses.
32. D'accottoir de bergere.
33. De pié de derriere de bergere.
34. De console d'accottoir.
35. 36. 37. De différentes traverses de la même bergere.
38. De pié de derriere de la bergere vue de face.
39. De pié de devant.
40. 41. De traverses de fauteuil à cabriolet.
42. 43. D'accottoirs.
44. De traverse de derriere.
45. De pié de devant.
46. De traverse de siege.

PLANCHE XIX.

Calibres des pieces d'un canapé.

Fig. 1. De la traverse de derriere.
2. De la traverse du derriere du siege.
3. 4. De la traverse du devant du siege.
5. Du plan de la traverse de derriere
6. D'un des piés de derriere.
7. D'un des piés de devant.
8. 9. D'accottoirs.
10. De console d'accottoir.
11. Du pié de milieu.

Calibres des pieces du sofa.

12. Du pié de devant.
13. 14. 15. De piés de milieu & de derriere.
16. De traverse latérale.
17. D'entretoise.

18. 19. De traverses latérales.
20. 21. De traverses de derriere.
22. 23. De traverses de devant.

Calibres des pieces d'une duchesse.

24. D'accottoirs.
25. De pié de chevet.
26. De panneau du pié.
27. De traverse du pié.
28. De traverse du haut du pié.
29. De panneau latéral.
30. De traverse latérale du haut.
31. De pié de milieu.
32. De traverse latérale du chevet.
33. De traverse latérale du bois.
34. De pié de milieu.

PLANCHE XX.

Calibres de la veilleuse.

1. 2. De la traverse latérale.
3. 4. De la traverse du pié.
5. De la traverse du chevet.
6. De la traverse du bas du chevet.
7. Du panneau du chevet.
8. De la traverse longue.
9. De l'oreillon du chevet.
10. 11. De piés.
12. D'oreillon du pié.
13. De pié.

Calibres des pieces du lit de repos,

14. D'oreillon du chevet.
15. 16. 17. De traverses.
18. De dossier de chevet.
19. 20. De traverses.

Calibres des pieces du lit à la polonoise,

21. 22. De traverses du bois de lit.
23. 24. De traverses de long.
25. D'oreillon du chevet.
26. De traverse du pié.
27. 28. De piés.
29. De traverse du pié.
30. D'oreillon du pié.
31. De traverse de dossier du chevet.

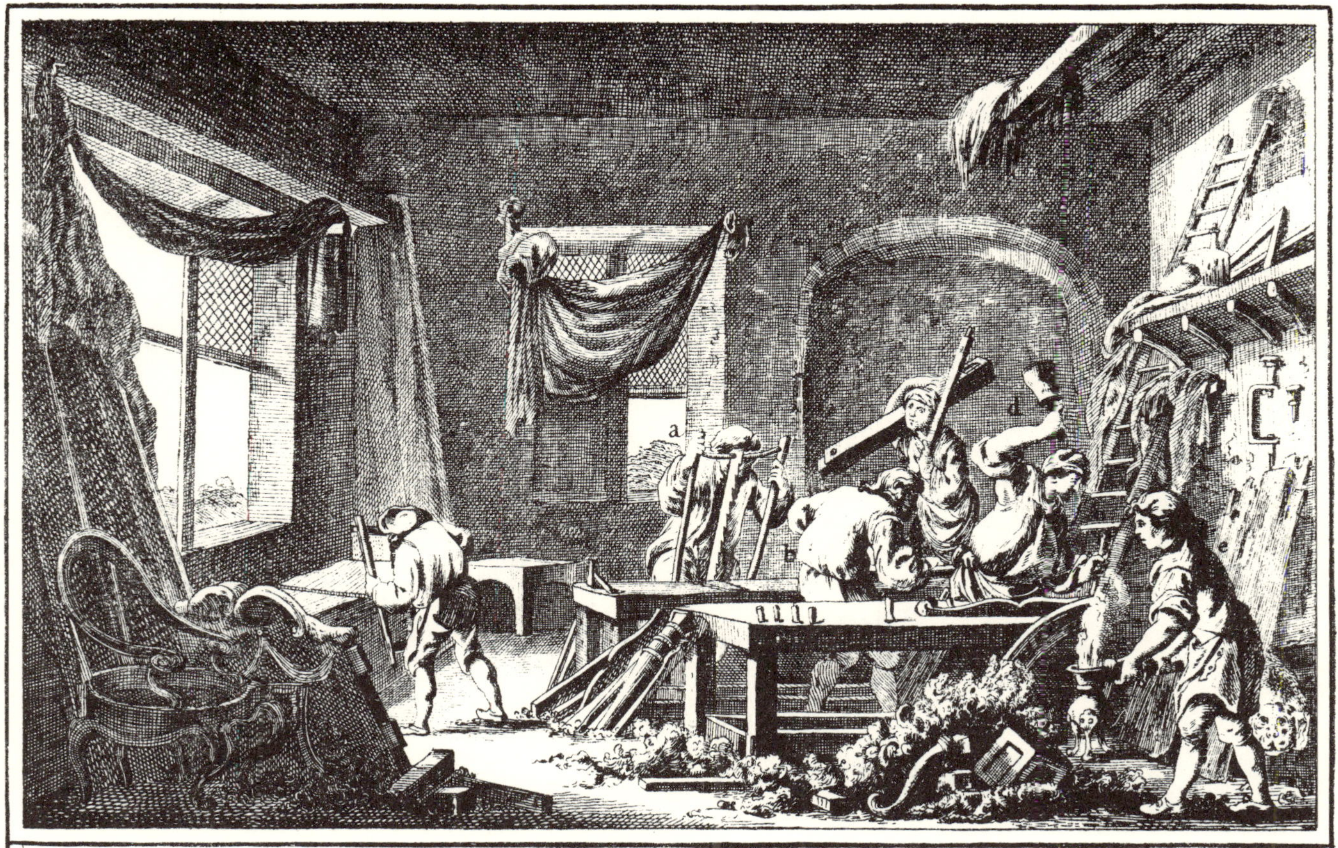

Fig. 1. 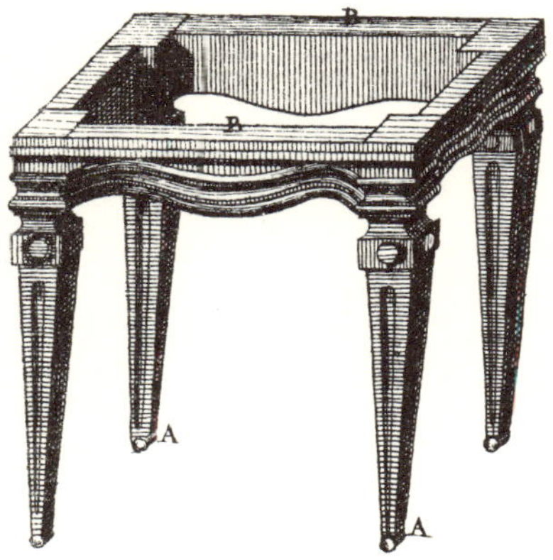 Fig. 2. 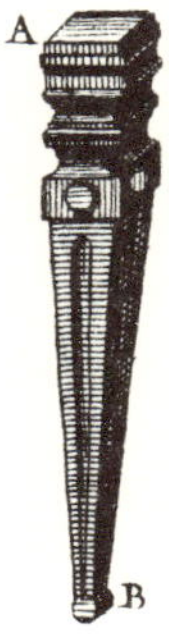 Fig. 3. 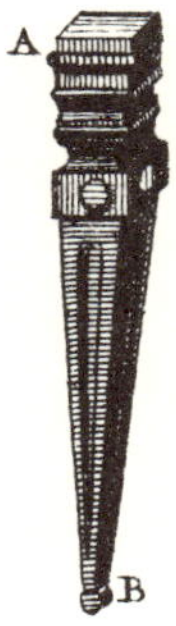 Fig. 4. 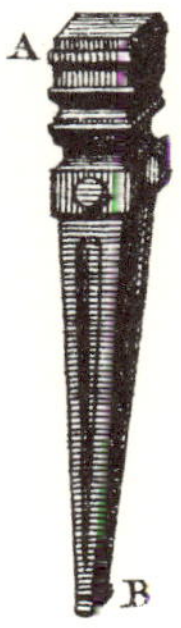 Fig. 5.

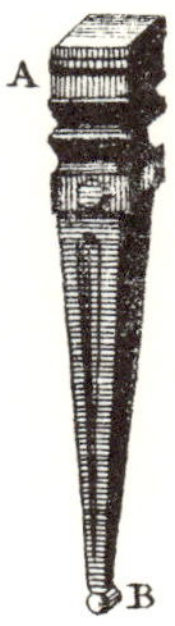

Fig. 10. 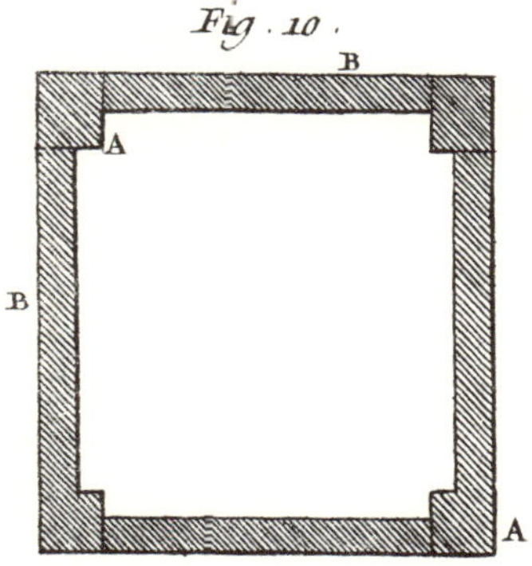 Fig. 8. 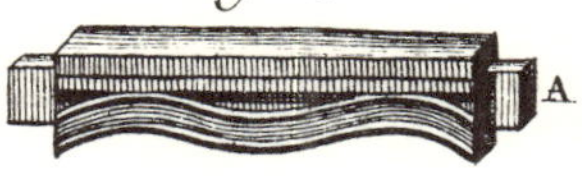 Fig. 6.

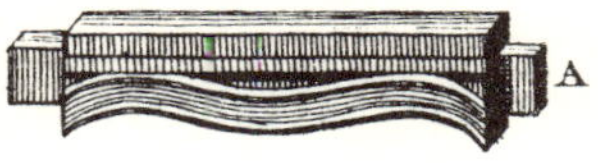

Fig. 9. 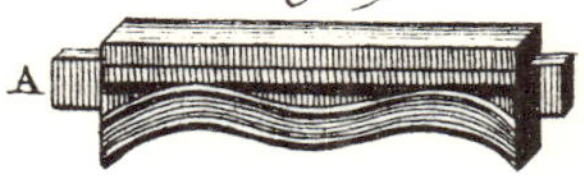 Fig. 7.

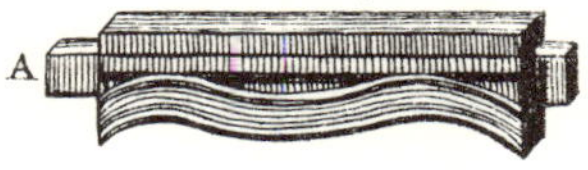

Fig. 11.

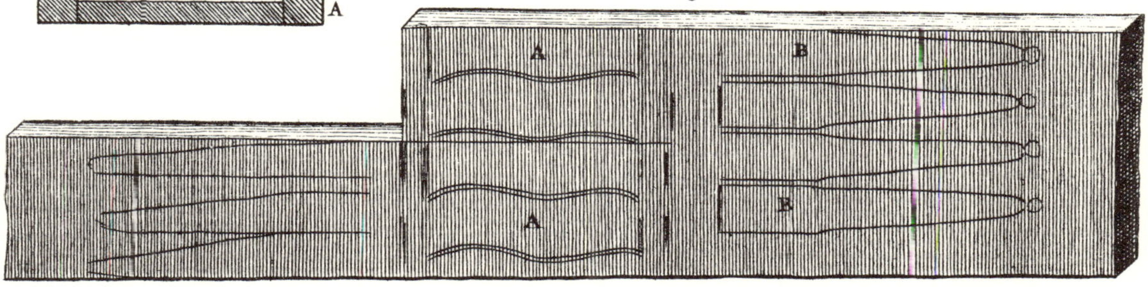

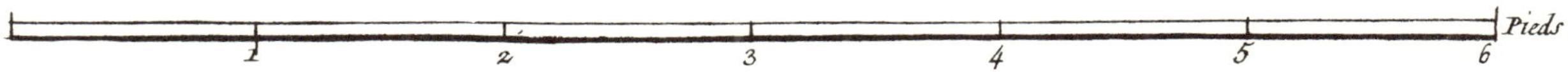

Pieds

Lucotte Del.

Benard Fecit.

Menuisier en Meubles, Sieges.

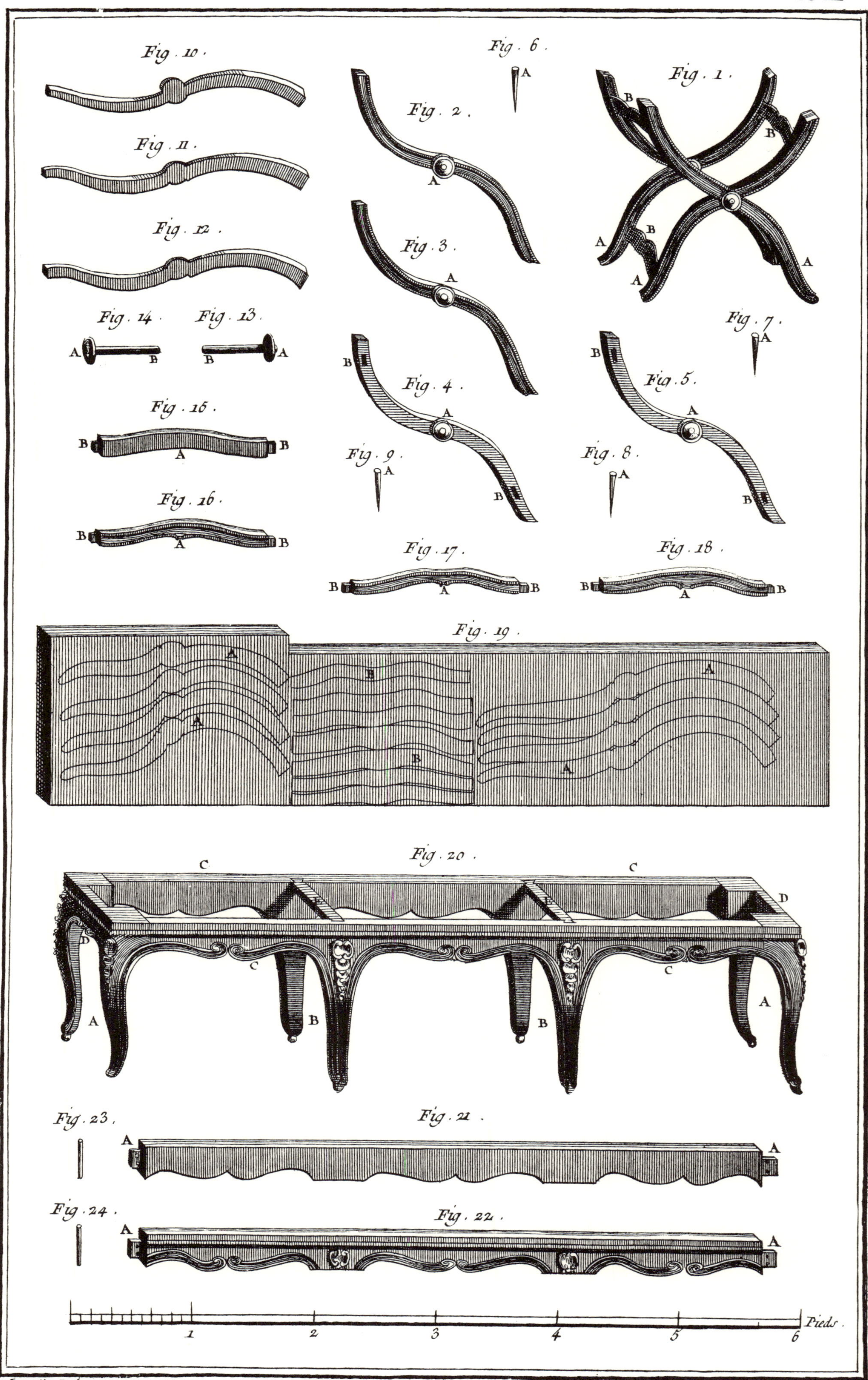

Menuisier *en Meubles, Sieges et Banquettes.*

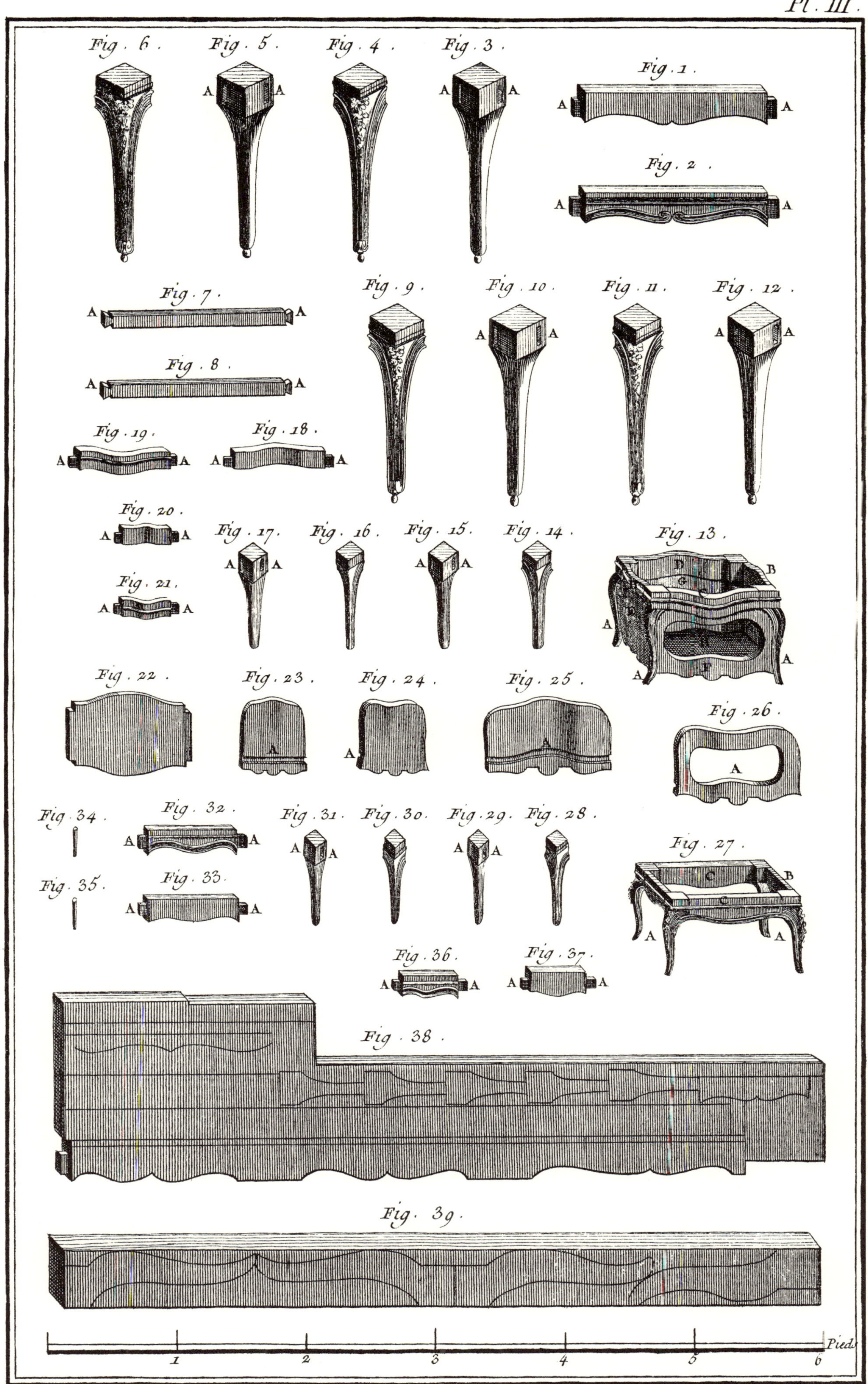

Menuisier en Meubles, Sieges.

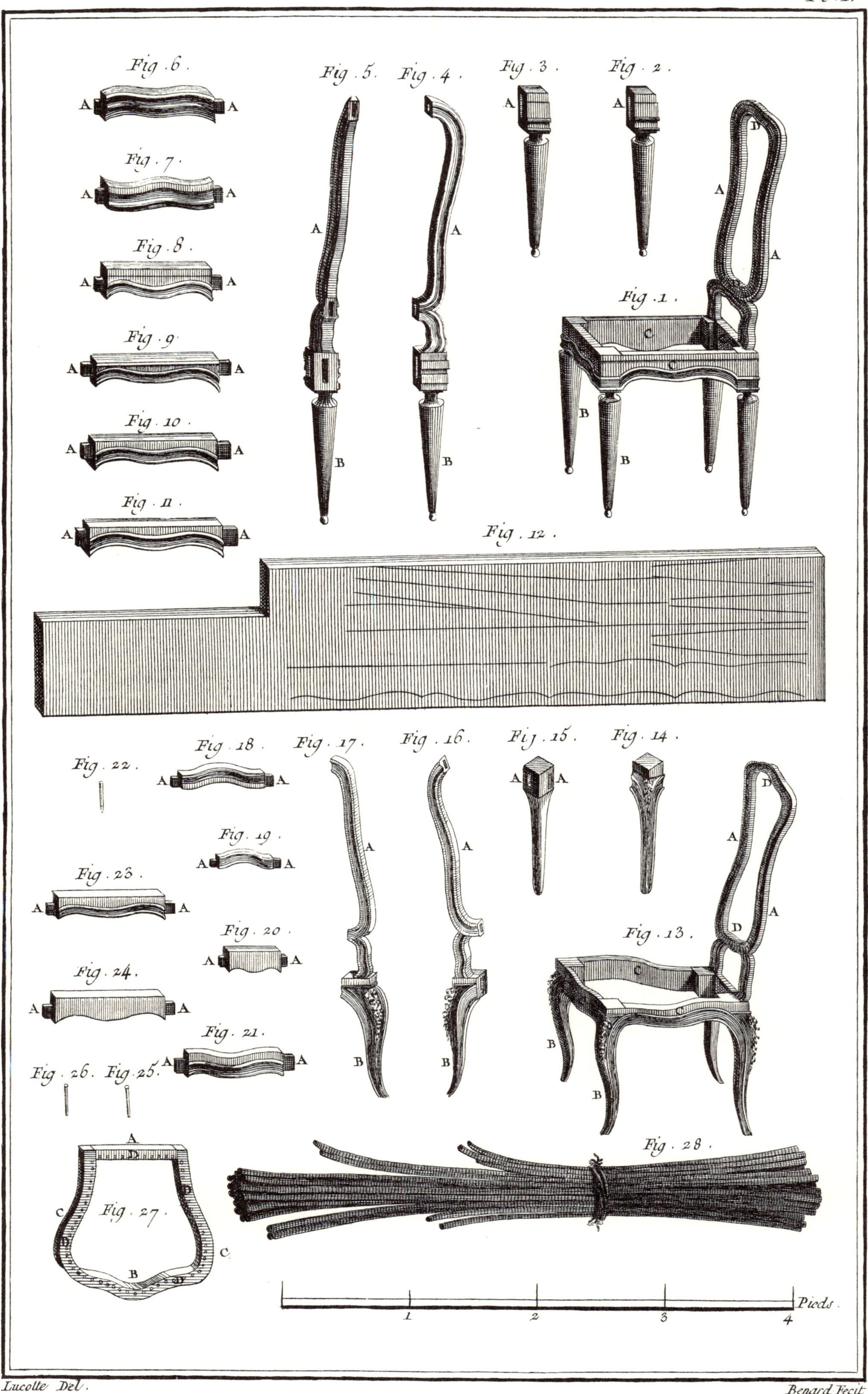

Menuisier *en Meubles, Chaises*

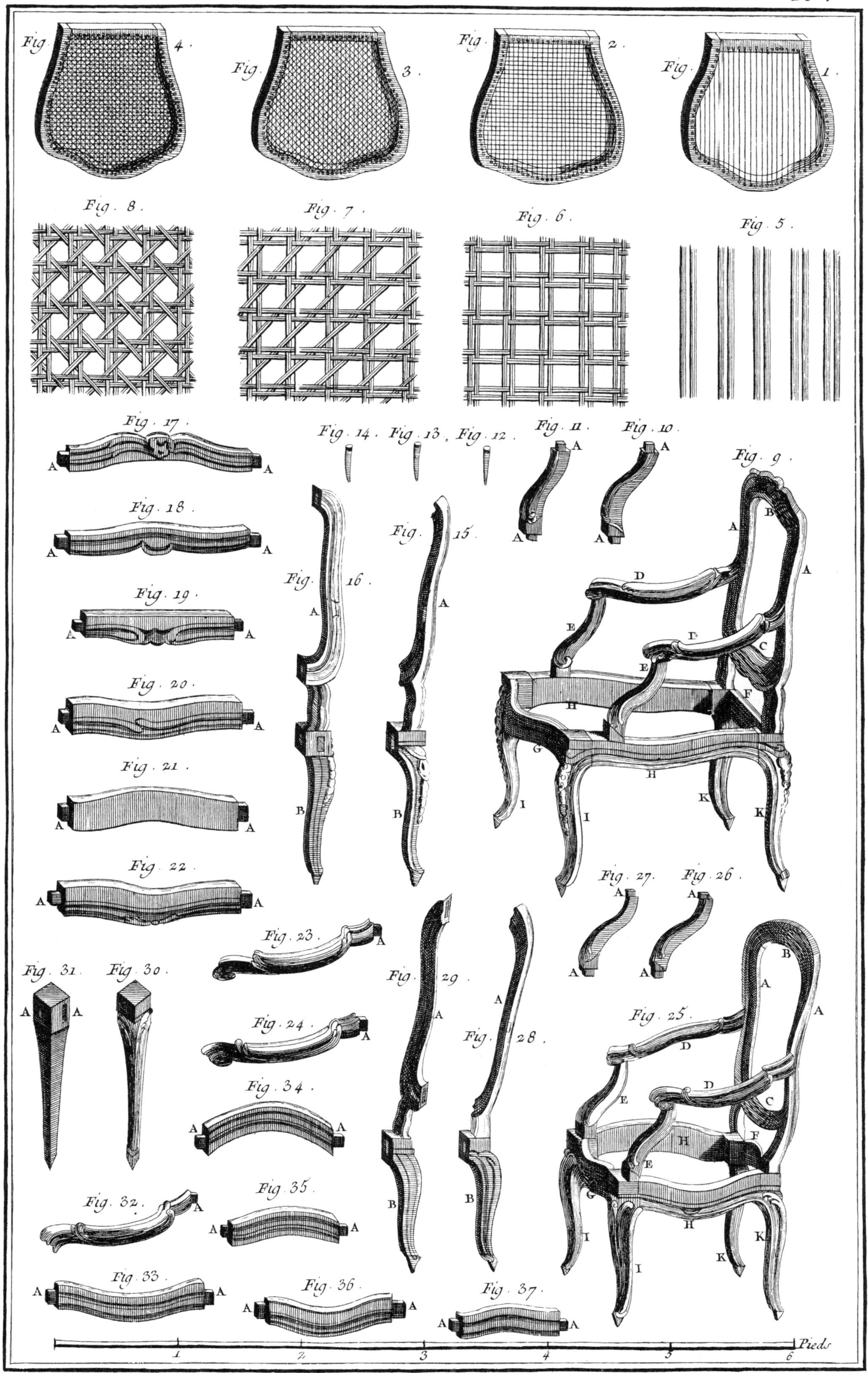

Lucolle Del.

Benard Fecit.

Menuisier en Meubles, Fauteüils.

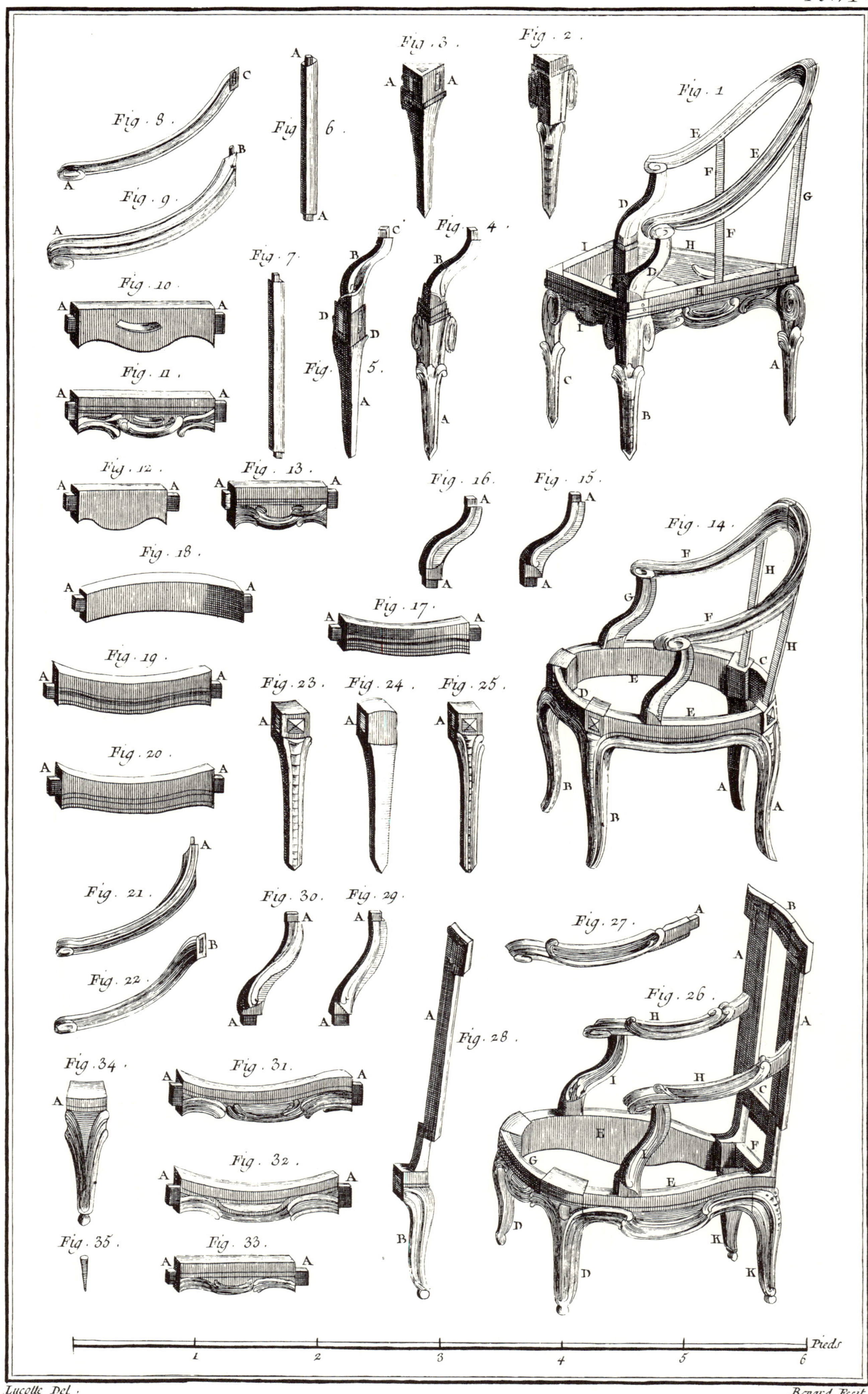

Fig. 1. Fig. 2. Fig. 3. Fig. 4. Fig. 5. Fig. 6. Fig. 7. Fig. 8. Fig. 9. Fig. 10. Fig. 11. Fig. 12. Fig. 13. Fig. 14. Fig. 15. Fig. 16. Fig. 17. Fig. 18. Fig. 19. Fig. 20. Fig. 21. Fig. 22. Fig. 23. Fig. 24. Fig. 25. Fig. 26. Fig. 27. Fig. 28. Fig. 29. Fig. 30. Fig. 31. Fig. 32. Fig. 33. Fig. 34. Fig. 35.

Pieds

Lucotte Del.

Benard Fecit.

Menuisier en Meubles, Fauteuils et Bergeres.

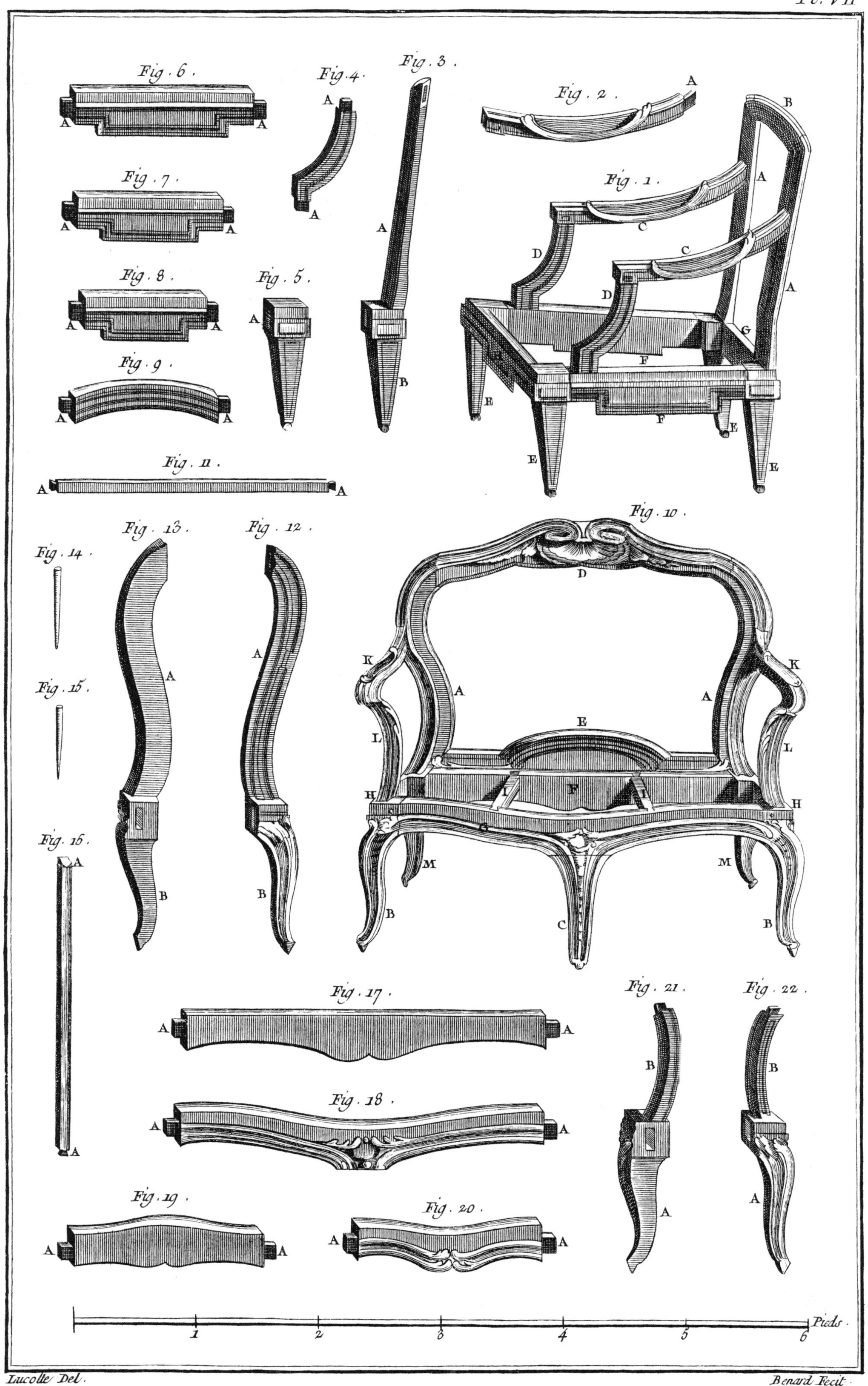

Menuisier en Meubles, Bergere et demi Canapé.

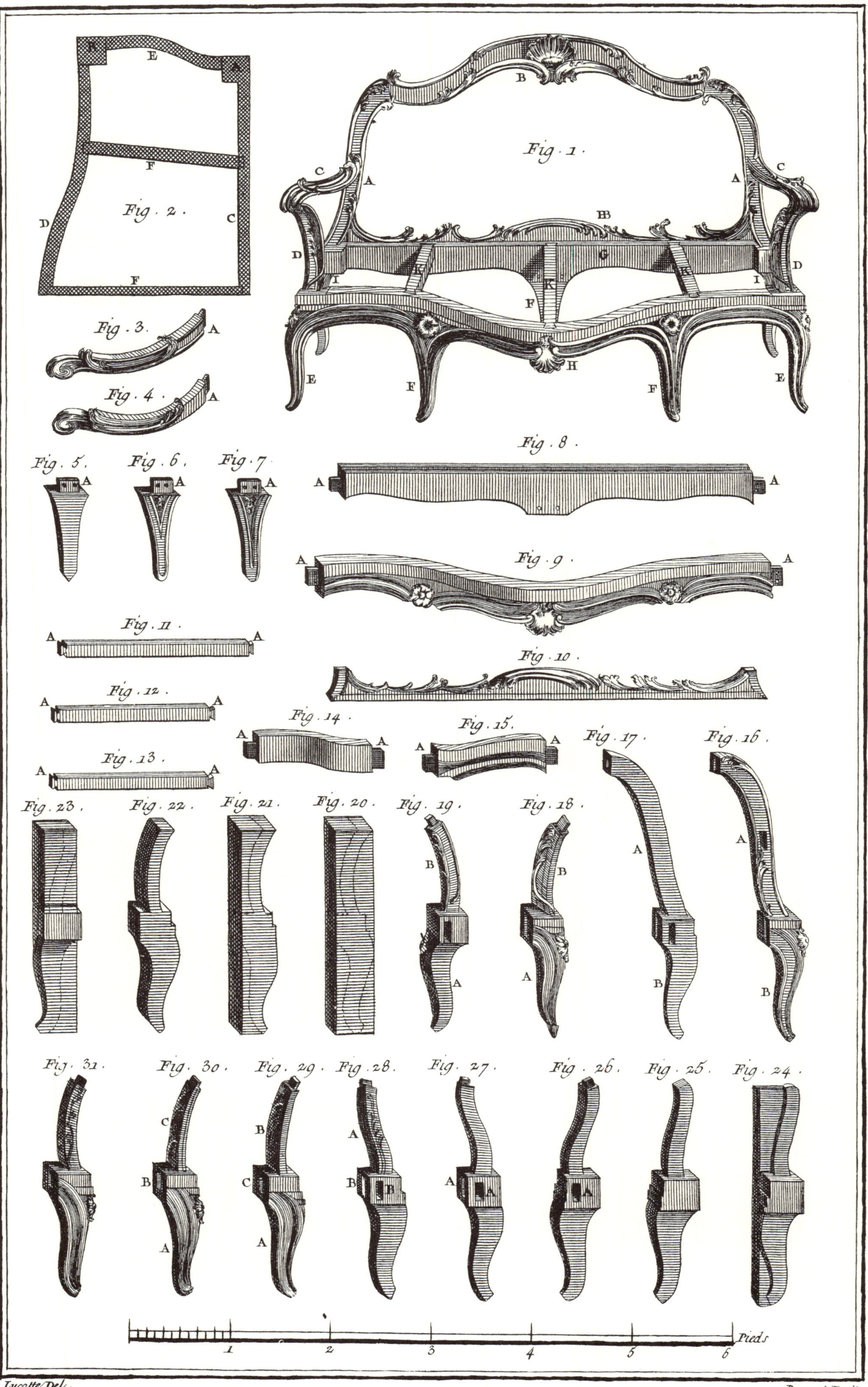

Menuisier en Meubles, Canapé

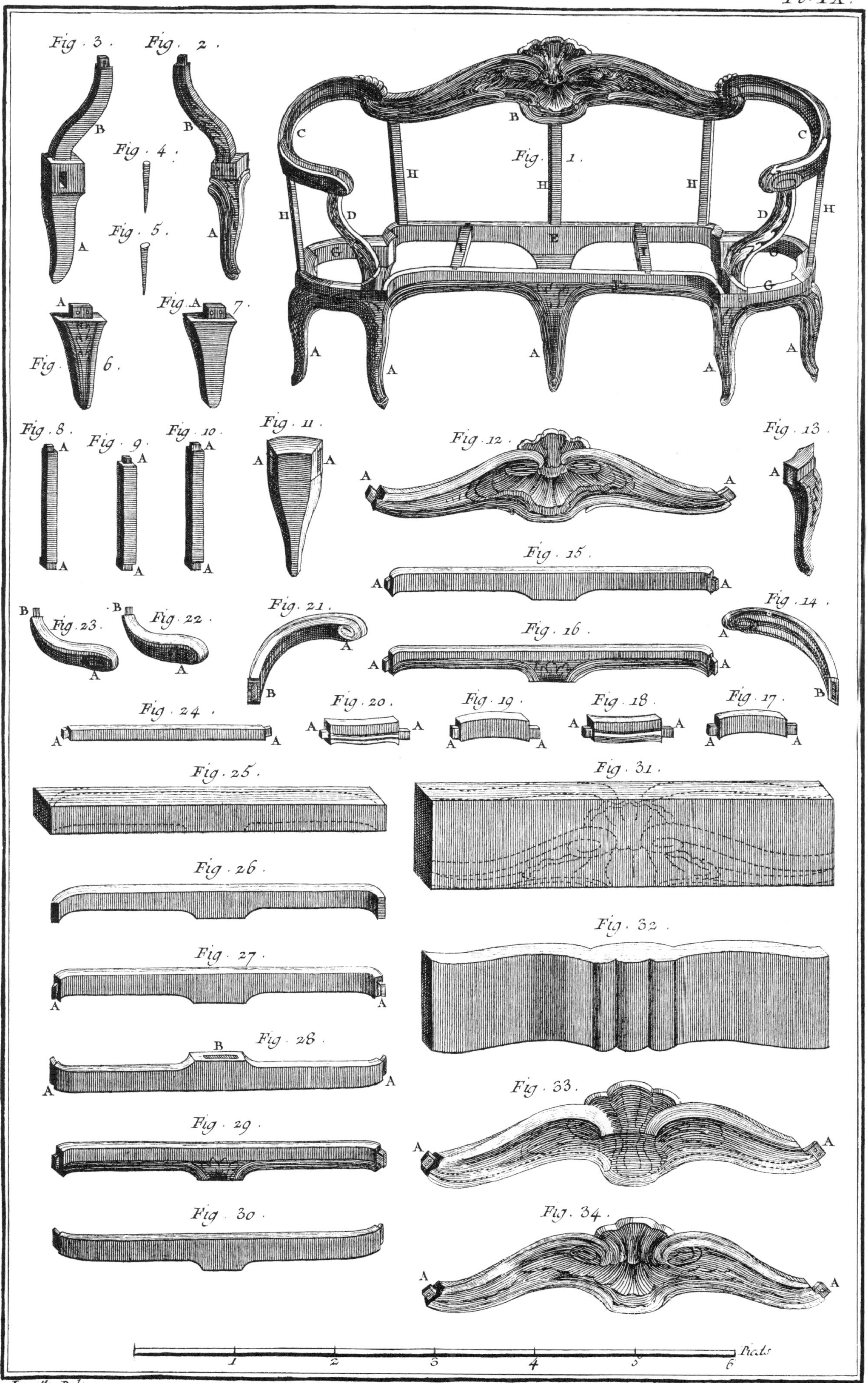

Lucotte Del.   Benard Fecit.

Menuisier *en Meubles, Sopha.*

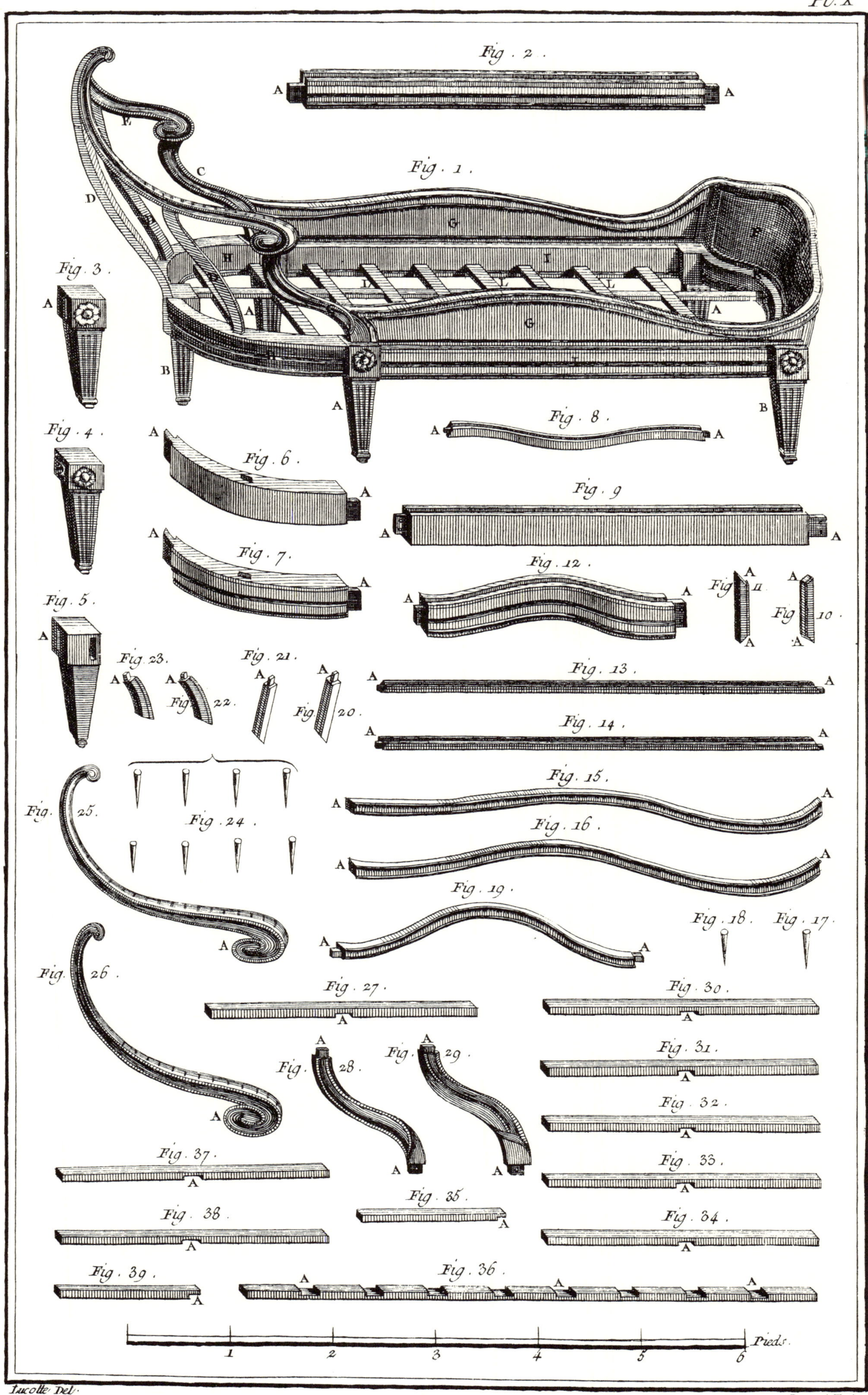

Menuisier en Meubles, Duchesse.

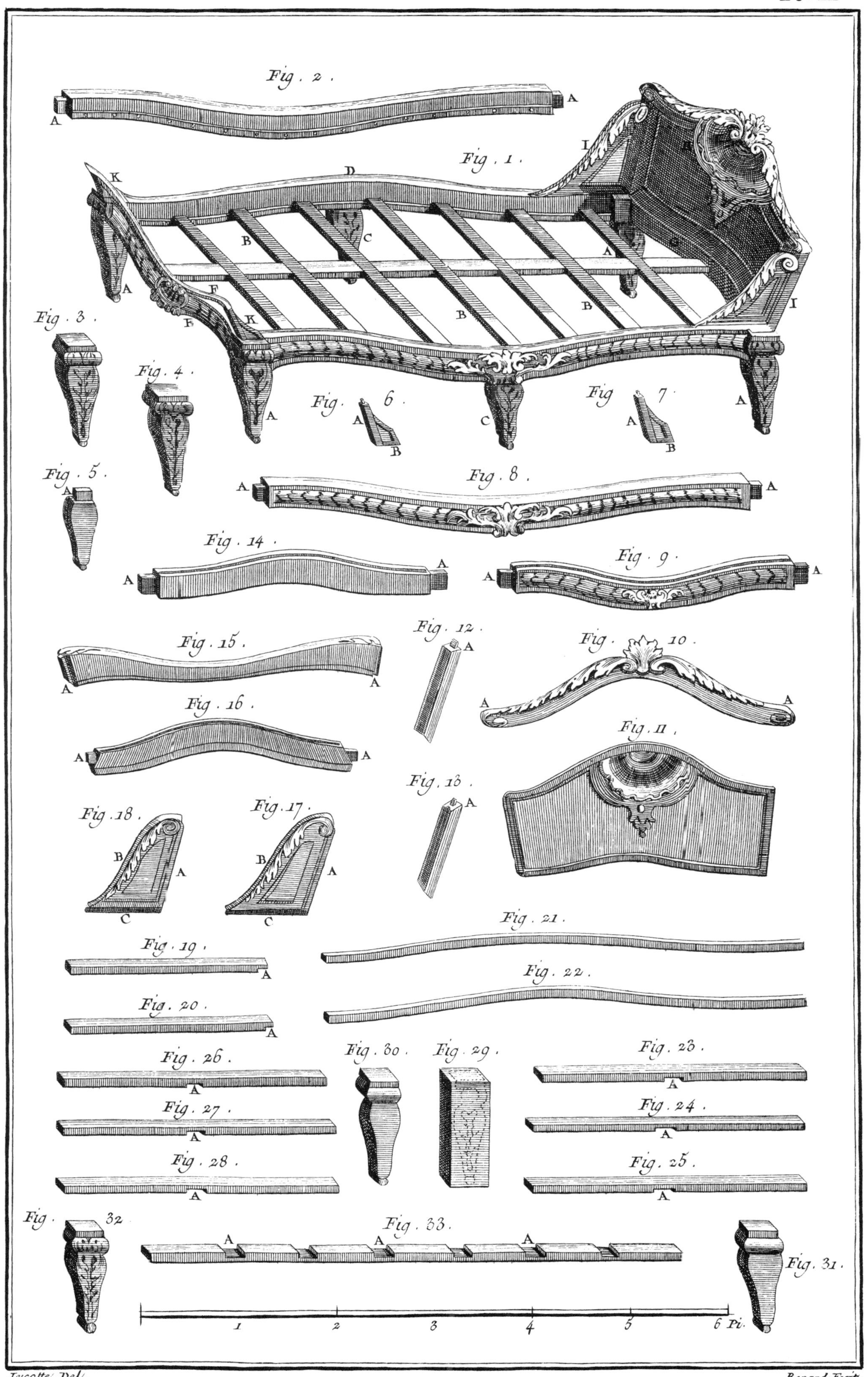

Lucotte Del.

Benard Fecit.

Menuisier en Meubles, Veilleuse.

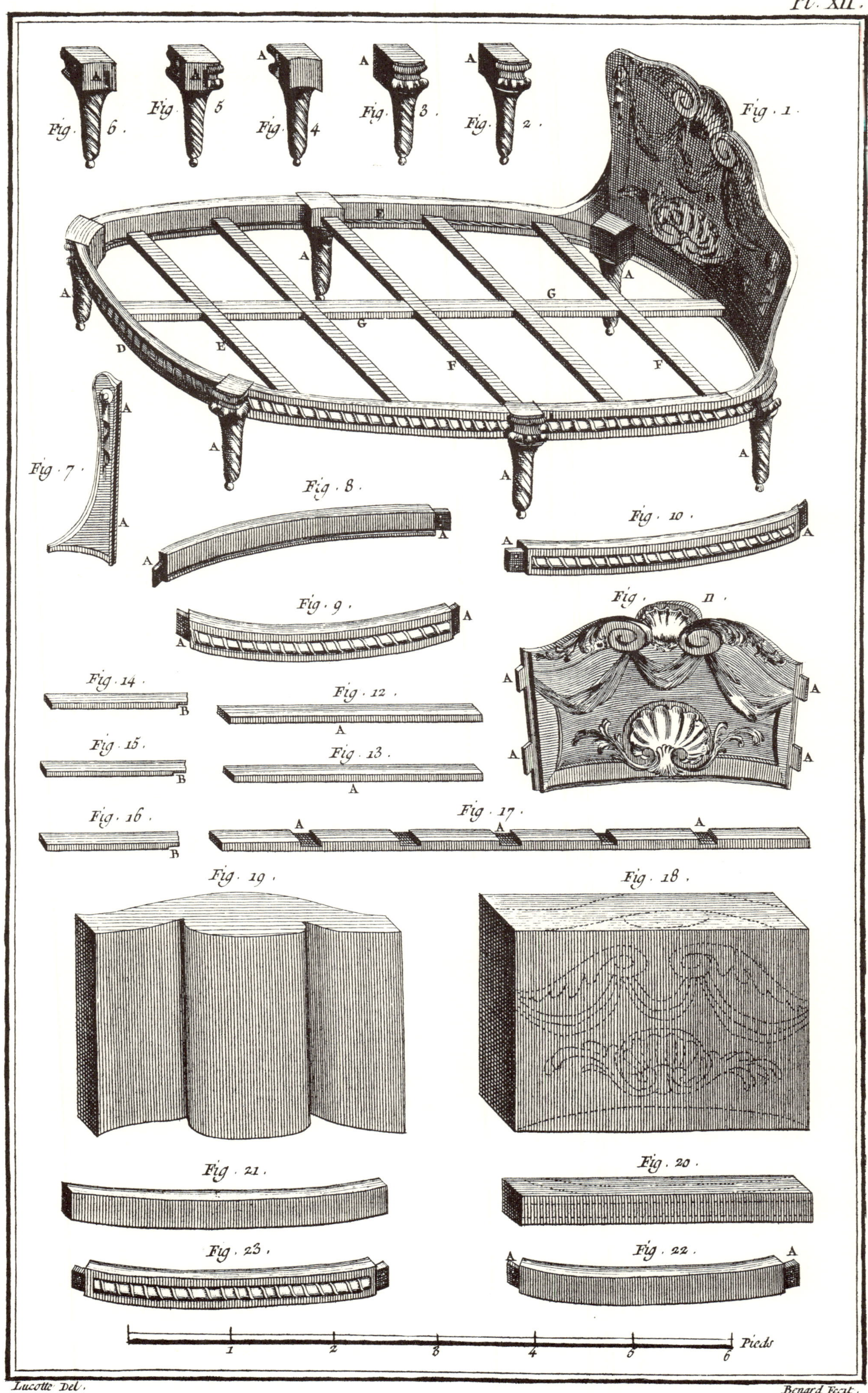

Lucotte Del.

Benard Fecit.

Menuisier en Meubles, Lit de Repos.

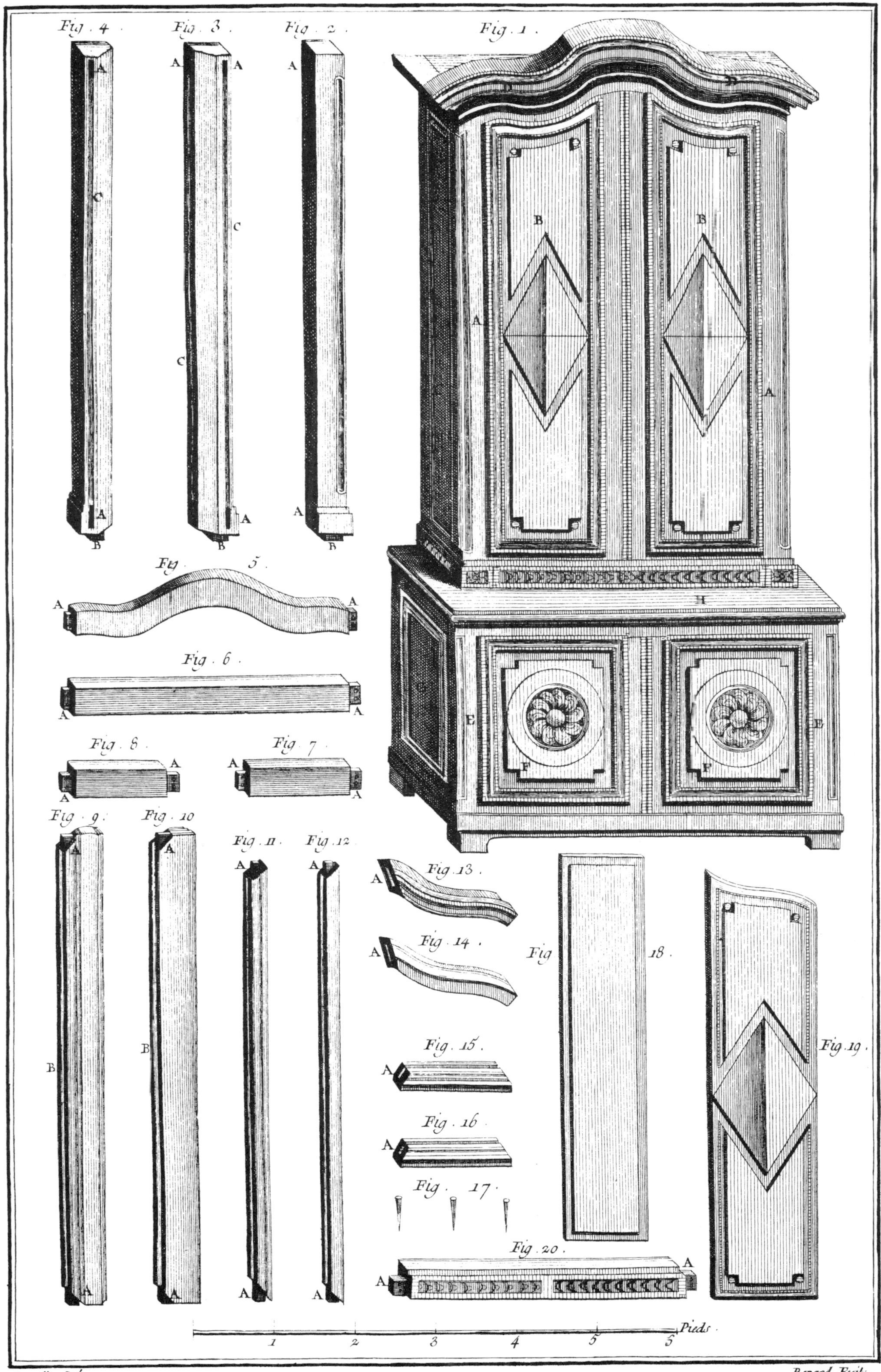

Menuisier en Meubles, Buffet.

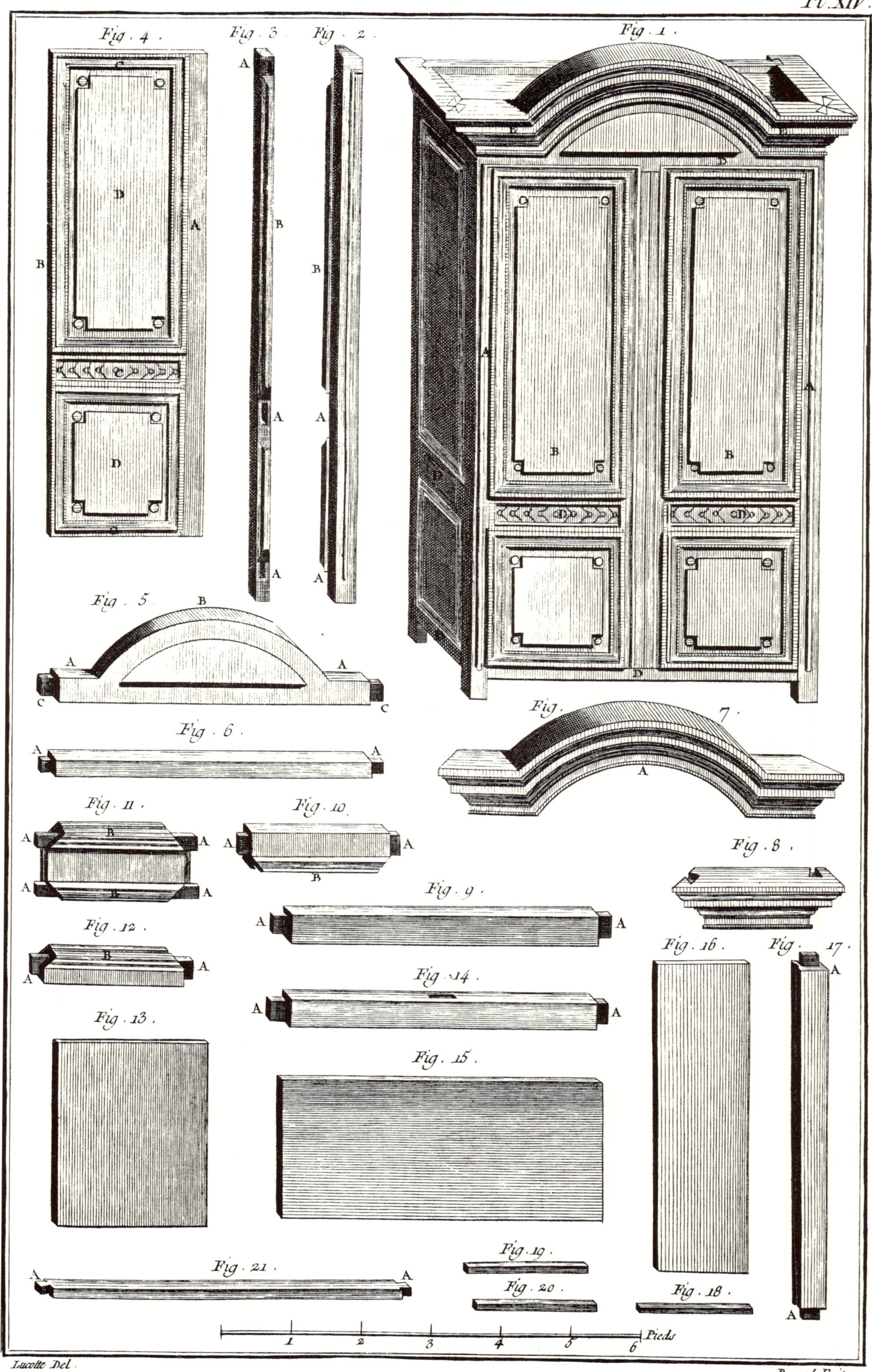

Menuisier en Meubles, Armoire.

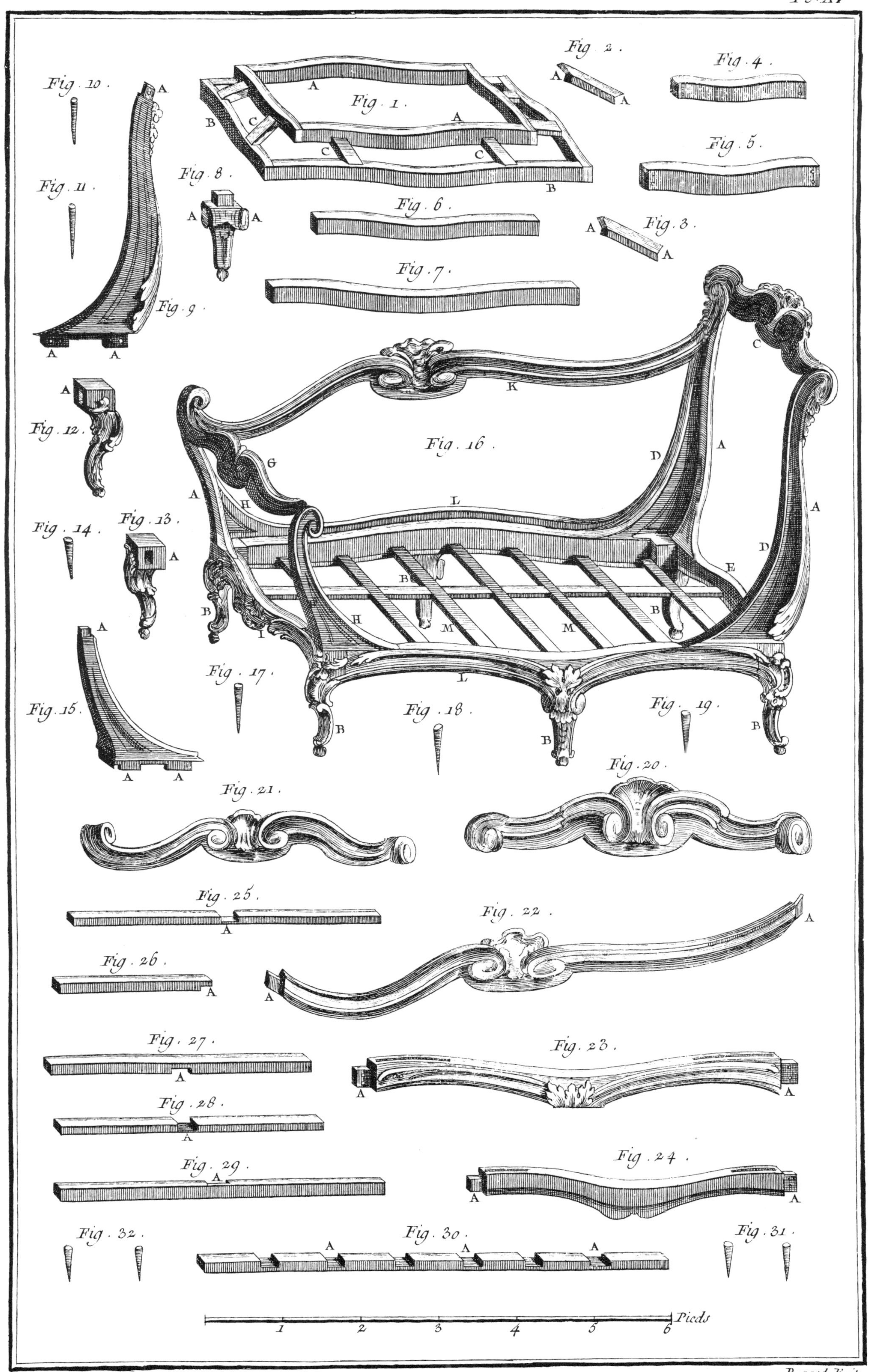

Menuisier *en Meubles, Lit à la Polonaise.*

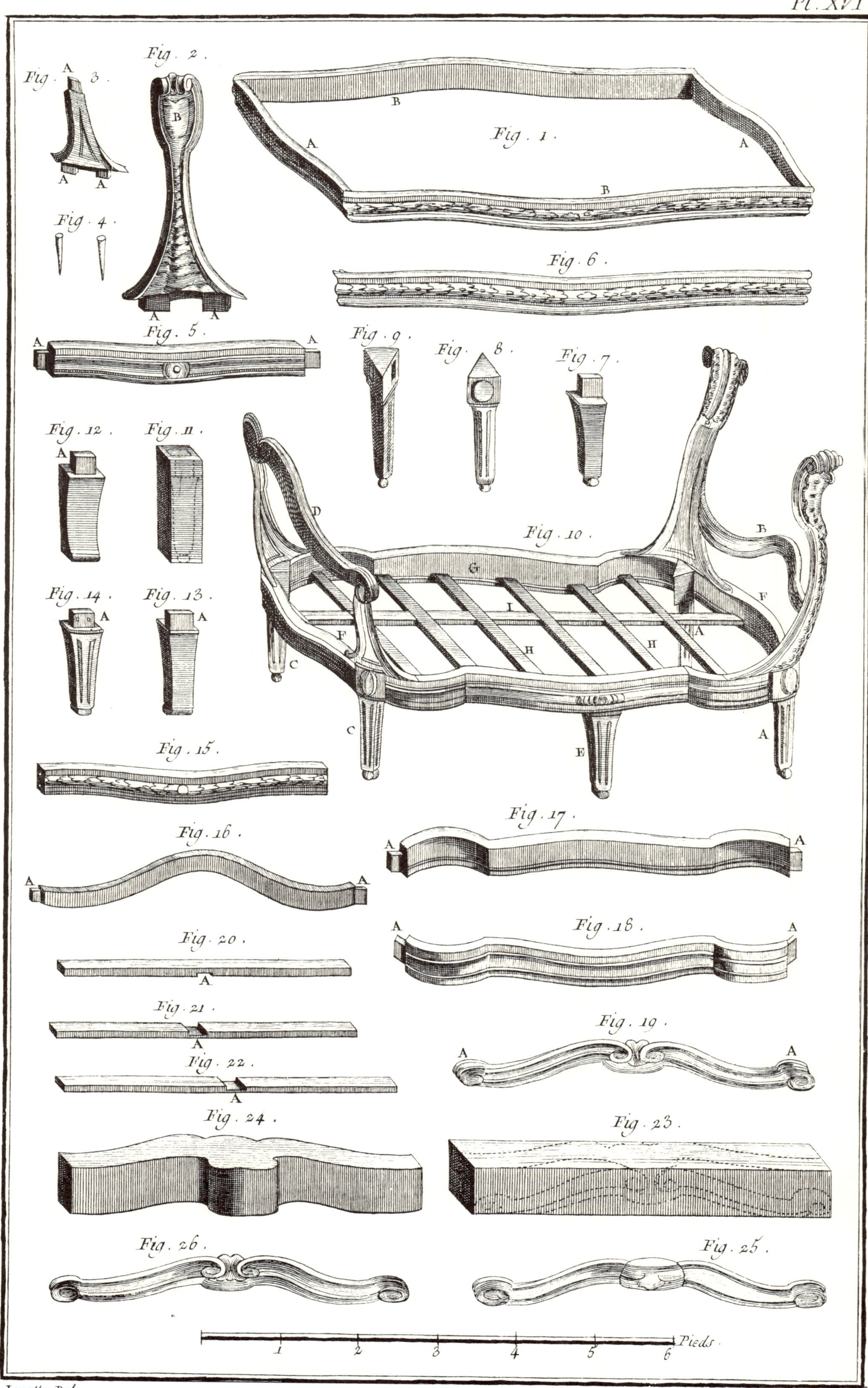

Menuisier *en Meubles, Lit à la Française.*

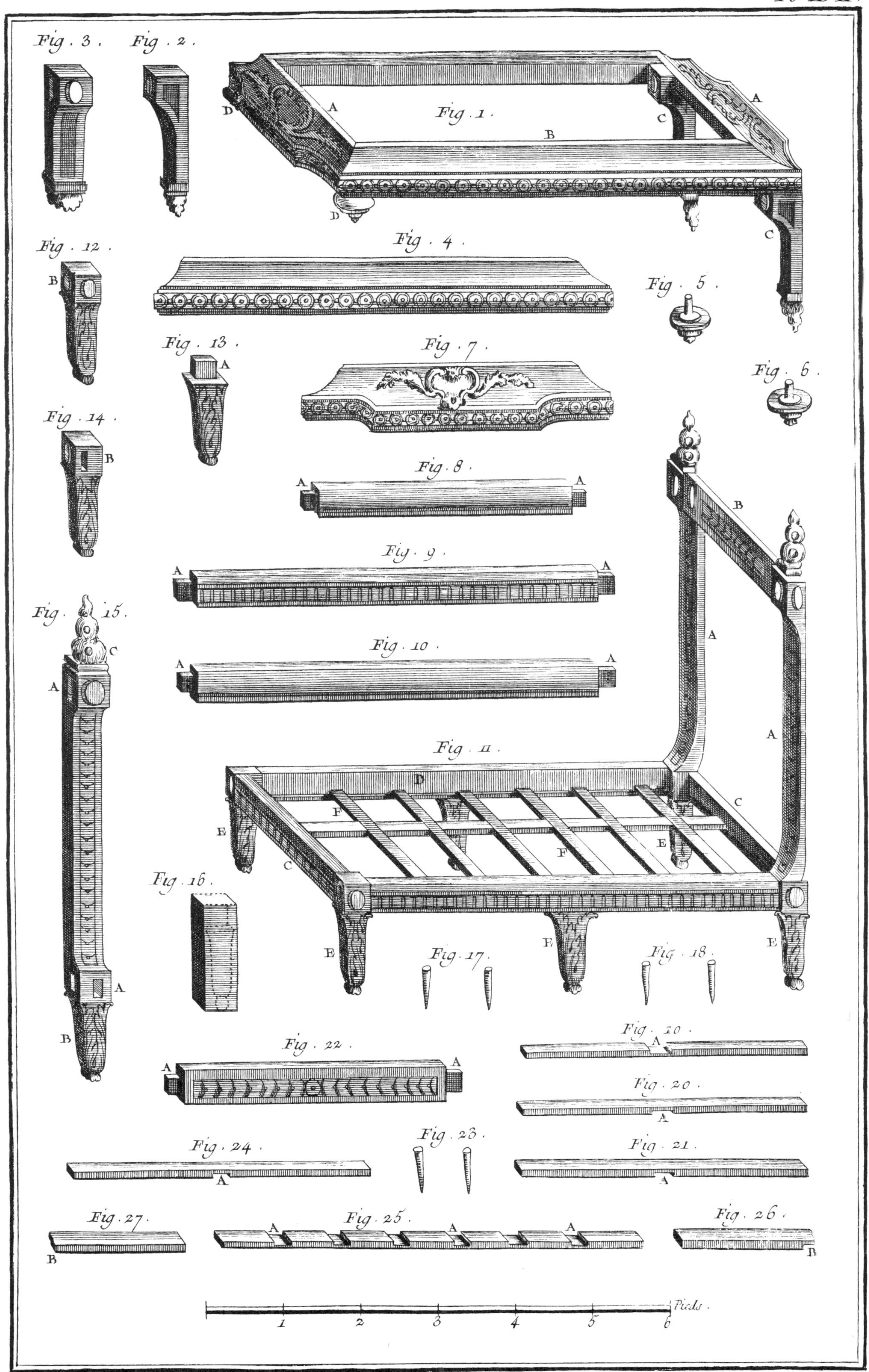

Menuisier en Meubles, Lit à l'Italienne.

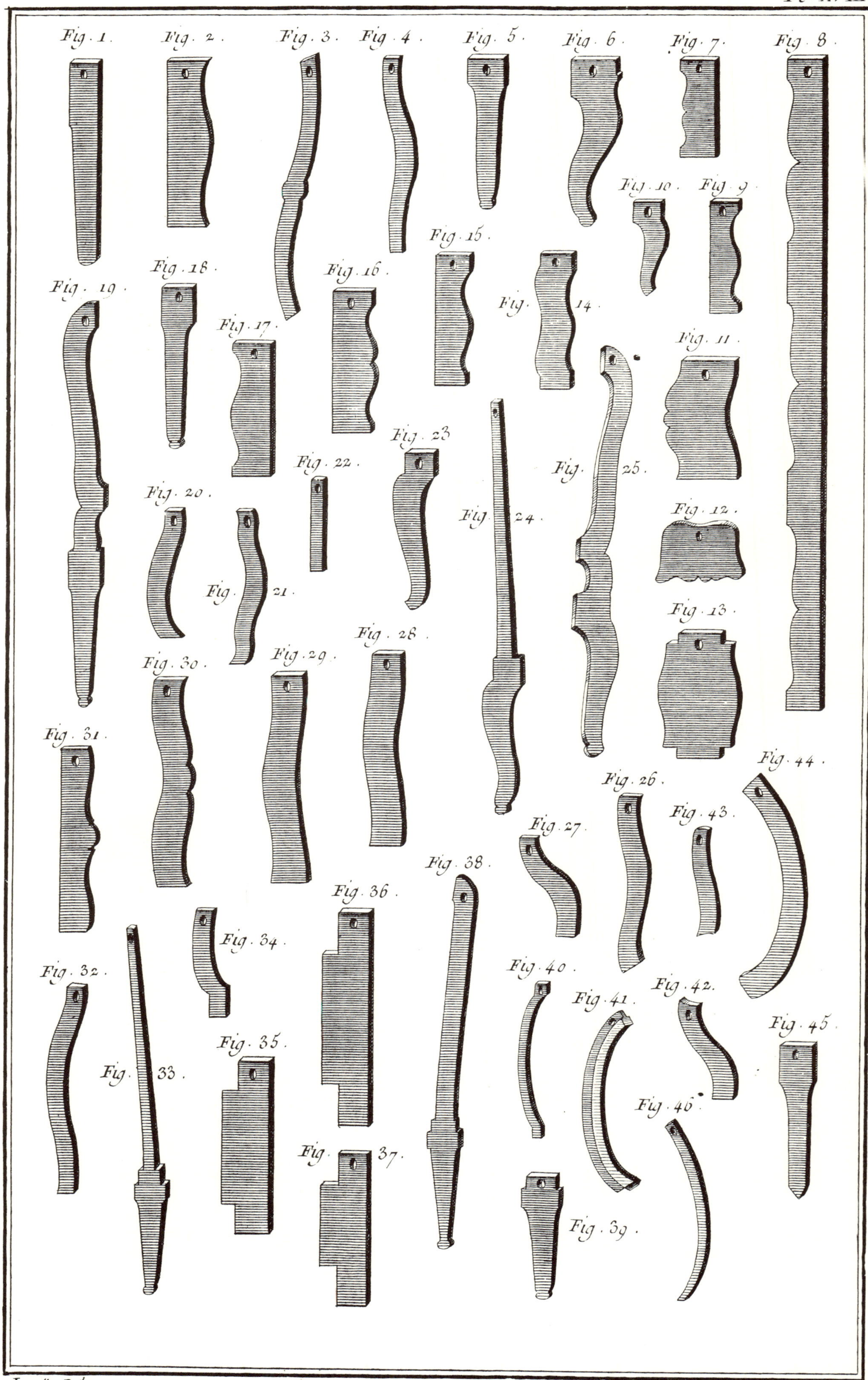

Menuisier en Meubles, Calibres.

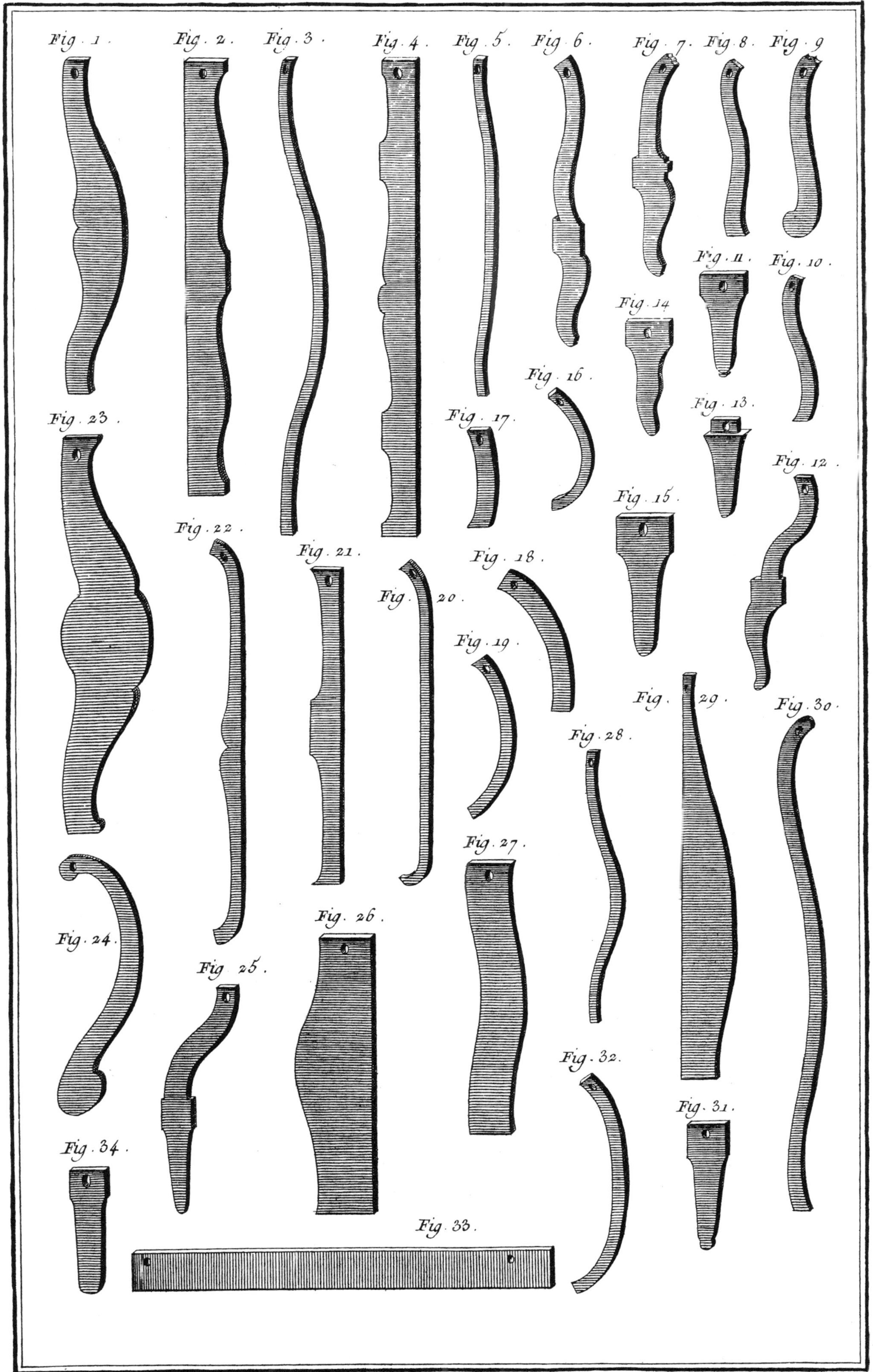

Lucotte Del.

Benard Fecit.

Menuisier en Meubles, Calibres.

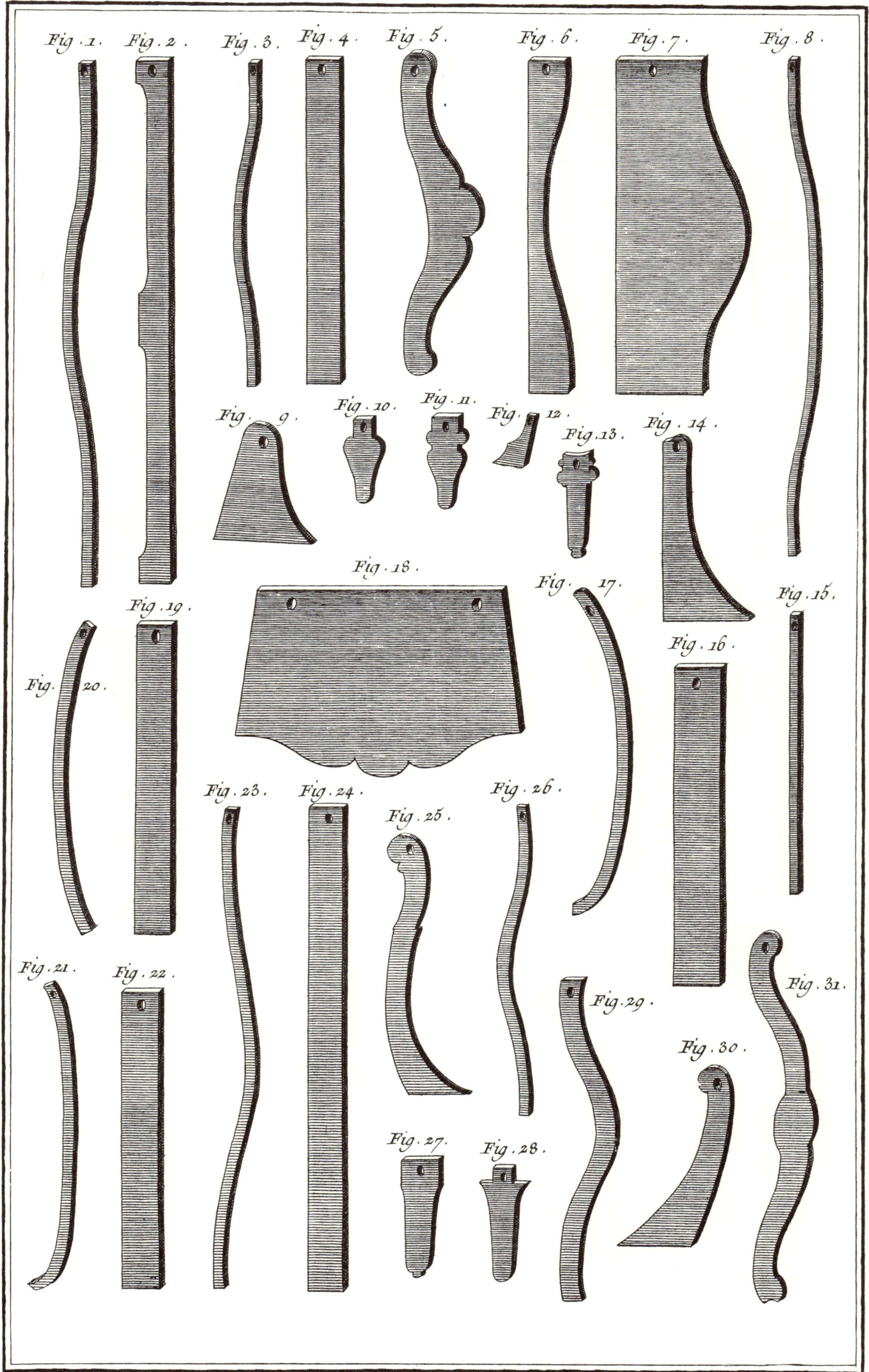

Menuisier en Meubles, Calibres.

Achevé d'imprimer
par MAME Imprimeurs à Tours
Dépôt légal : septembre 2001 (N° 01052208)